DE ZEVEN VINKJES

DE ZEVEN VINKJES

JORIS LUYENDIJK

Hoe mannen zoals ik de baas spelen

Uitgeverij Pluim
Amsterdam/Antwerpen

Eerste druk, februari 2022

Omslagontwerp Dog and Pony
Typografie binnenwerk Perfect Service
Auteursfoto Merlijn Doomernik
Productiebegeleiding Tim Beijer
Drukkerij Wilco, Amersfoort

ISBN 978 94 932 5648 4
NUR 740

www.uitgeverijpluim.nl

Er zit altijd wel ergens een barst. Zo komt het licht binnen.
Leonard Cohen, 'Anthem'

Voor meester Jos

Inhoud

Voorwoord

Kent u de mop van de man die op het podium klom met een lang verhaal waarom juist mannen zoals hij altijd weer het podium bezet houden?

Nou, die man, die klom niet op dat podium. Hij zal daar gek zijn, in deze tijd.

Of toch wel? Dit boek is een poging om mannen zoals ikzelf onder het vergrootglas te leggen. Of beter nog: op de snijtafel, voor een anatomisch onderzoek.

Mannen zoals ik verschillen onderling enorm. Maar we hebben één ding gemeen: door ons uiterlijk ofwel lichaam en door onze achtergrond ofwel nest zitten wij altijd in de dominante groep. Wij kunnen niet gediscrimineerd worden en wij hoeven ons nooit aan te passen. Iedereen past zich juist altijd aan ons aan. Dan hebben we ook nog de meest prestigieuze opleiding van het land.

Wat doet zo'n uitgangspositie met een mens, en wat kunnen mensen met zo'n uitgangspositie doen met hun land? Want op ontzettend veel plekken in Nederland spelen mannen zoals ik al heel lang de baas.

Daarover gaat dit boek. Het is een verhaal geworden zoals ik dat graag vertel; in de ik-vorm, met een kop en een staart. Ik begin op het punt waar ik iets nog niet weet, snap of besef, en beschrijf mijn ontdekkingen. Zo leert en leeft de lezer als het ware met mij mee.

Om redenen waar ik nog op terugkom had ik beter een andere vertelvorm gebruikt. Maar het is toch weer een soort ontdekkingsreis geworden, met mezelf in de hoofdrol. Schrijvers zijn net vogels: eenieder zingt zoals-ie gebekt is. Mijn snavel staat zoals-ie staat, en kennelijk ben ik te oud of te beperkt om nog een nieuwe te laten groeien. Zelfs nu de tijd daar eigenlijk wel om vraagt.

I

Hoera voor Joris

Het is de lente van 2011 en zojuist heeft de Britse krant *The Guardian* me mijn droombaan aangeboden: of ik naar Londen wil komen om de mentaliteit van de bankiers in de city in kaart te brengen.

Wat was ik trots, wat was ik blij. Al op de basisschool wilde ik schrijver worden, en veel in spannend buitenland wonen. Daarom was ik als student naar Amerika en Egypte gegaan, en als beginnend journalist opnieuw in Egypte, Libanon en ten slotte de bezette Palestijnse gebieden beland. Over deze avonturen had ik twee bekroonde bestsellers geschreven, die waren verschenen in dertig landen nog an toe. En nu, net voor mijn veertigste verjaardag: Londen!

Hoera voor Joris.

▼

Voor ik bij *The Guardian* ging werken, geloofde ik dat ik al dit succes op eigen kracht had verdiend. Of eigenlijk: ik dacht hier helemaal niet over na.

Dankzij een progressieve opvoeding en bijna vier jaar in Egypte besefte ik wat een mazzel het is om in het Westen te worden geboren, en dan ook nog in het welvarende, stabiele Nederland. Is het handig om in het lichaam van een witte man verpakt te zitten? Vast. Maar geprivilegieerd, *moi*?

Ik was een harde werker die zijn hele jeugd een krantenwijk had, die voetbalde en zeker niet hockeyde, en die geconfronteerd met corpsballen in groepsverband nog altijd een acute allergieaanval krijgt. Ik, deel van de elite? Ik, een exponent van een soort elite bínnen de elite? Tuurlijk joh. Voor mij waren de elite anderen: 'onze leiders', bankiers, magnaten, de adel of rijke families. Had iemand me gevraagd naar mijn mening over 'diversiteit', dan zou ik hebben gezegd dat ik dat juist prima vond... Zolang het maar niet ten koste gaat van de kwaliteit.

▼

Ik weet nog goed hoe ik voor het eerst met mijn fonkelnieuwe securitypasje door de poort ging bij *The Guardian* en bij mezelf dacht: hier wil ik nooit meer weg. *The Guardian* heeft tien keer meer mensen in dienst dan *NRC Handelsblad* of *de Volkskrant* en bereikt online net zo'n groot publiek als *The New York Times*. Het is de krant van Wikileaks, en van de onthulling door Edward Snowden dat Amerikaanse en Britse inlichtingendiensten de wereldbevolking surveilleren en bespioneren.

Maar nauwelijks bungelde dat pasje aan een sleutelkoord om mijn nek, of mijn optimisme kreeg een tik. Ik wist al dat ik wegens een personeelsstop niet officieel in dienst zou komen. Nu bleek dat ik om die reden ook niet op de redactie mocht zitten werken. Voor overleg en vergaderingen was ik welkom, voor de rest moest ik elders een werkplek huren.

Dat bleek enorm duur, en vooral zag ik dat niet voor me: om te kunnen samenwerken met collega's moeten ze je toch kennen?

Kon ik niet toch naar de redactie komen, en kijken welke werkplek die dag vrij was? Wie ging dat nu controleren? Maar stel dat het echt niet mocht, dan zou ik enorme problemen kunnen krijgen. Moest ik het nog eens vragen, of dwong ik zo mensen tot actie die anders best een oogje hadden willen dichtknijpen? Wat lastig dat ik nog niemand zo goed kende dat die dit even via via voor mij kon peilen.

Ik informeerde heel voorzichtig bij de chef opinie onder wie ik officieel 'viel', en kreeg een antwoord waarmee ik alle kanten op kon – en geen stap verder kwam. Uiteindelijk ben ik op de redactie gaan zitten en daar is nooit iets van gezegd. Maar wat een valse start.

▼

Ik was bij *The Guardian* gekomen dankzij een conferentie in Amsterdam over journalistieke vernieuwing waar hoofdredacteur Alan Rusbridger sprak. Na afloop raakten we aan de praat en kon ik hem vertellen over een journalistieke methode die ik aan het ontwikkelen was: deel je leerproces. Ik zeg als journalist niet: 'Lees mij want ik weet al hoe het zit.' Ik zeg: 'Wie van u, lezers, heeft zoveel kennis dat u me kunt helpen begrijpen hoe het zit?' Deze lezers interview ik, en zo ontdek ik van alles waarvan ik aan de overige lezers verslag doe – die zo met mij mee leren.

Het klinkt simpel en dat is het ook, alleen is de journalistiek een machowereld waar het benoemen van de eigen onwetendheid geldt als radicaal. Maar Rusbridger zag zo'n leerproces over de stam der bankiers wel zitten. Zeker in die pre-brexitjaren was de city van Londen het onbetwiste financiële hart van Europa: wat waren dat voor mensen die een paar jaar eerder bij de financiële crash van 2008 de wereldeconomie bijna hadden opgeblazen?

Dus ik publiceerde in *The Guardian* een soort brief aan de bankiers: wie van jullie wil deze buitenstaander uitleggen hoe het werkt in de city? En begin alsjeblieft bij het begin want ik weet nog van niks.

Sommige collega's konden hun scepsis moeilijk verbergen. Welke bankier ging nu zijn baan riskeren voor de *banker-bashing Guardian*? Maar het liep meteen als een trein. Niet alleen waren steeds weer nieuwe bankiers bereid de regels te trotseren en in het diepste geheim af te spreken. Ze spraken over hun werk als normale mensen, in normalemensentaal. Die interviews gingen online, en inspireerden weer andere bankiers tot deelname.

Hoera voor de bankiers. Maar nu wilde ik meer. *The Guardian* loopt wereldwijd voorop in journalistieke innovatie en bereikt miljoenen lezers per dag. Dit was de kans van mijn leven om te laten zien hoeveel potentieel deze journalistieke methode heeft.

Natuurlijk liepen er veel meer mensen rond op de redactie met ideeën en plannen voor radicale journalistieke vernieuwing. Dat maakte *The Guardian* zo inspirerend. Ik moest zorgen dat mijn journalistieke methode op de radar kwam van de mensen direct boven mij. Dat betekende zichtbaar worden en dan steun en 'draagvlak' regelen – wat in het Engels *buy-in* bleek te heten.

Maar hoe ging ik dat doen? Voor echt belangrijke vergaderingen, brainstorms en presentaties werd ik niet uitgenodigd. Of ik kreeg geen spreektijd. Of ik kreeg spreektijd, maar te weinig. Of ik kreeg genoeg ruimte, maar kwam blijkbaar niet overtuigend over. Met mijn voorstellen gebeurde in ieder geval niks.

▼

De interviews met bankiers bleven intussen zulk sterk materiaal opleveren, dat ik er columns over kon gaan schrijven die *The Guardian* verkocht aan *NRC Handelsblad* en de Vlaamse krant *De Standaard*. De adjunct-hoofdredacteur hoorde hiervan en stelde voor ze ook te plaatsen in de papieren editie van *The Guardian*. Nu was ik helemaal *over the moon* van blijdschap. Dit was precies het podium waar ik naar zocht. Maar toen gebeurde er niks. 'Joris, *we love your columns*,' zei de adjunct-hoofdredacteur als ik weer voldoende moed had verzameld om ernaar te vragen. 'Als ze niet goed zijn, zeg het me dan,' zei ik steeds vertwijfelder. Hoe kan ik anders leren wat er beter moet? 'Ze zijn geweldig zoals ze zijn,' verzekerde ze me steeds opnieuw. Ik moest nog even geduld hebben.

Maanden ging dit door tot ik het maar niet meer ter sprake bracht.

Ik ben nooit goed geweest in oppervlakkige gesprekjes bij de koffieautomaat, het kopieerapparaat of de liften. Maar bij *The Guardian* had ik bijna permanent het gevoel dat ik iets verkeerd begreep of deed. Dan reageerde ik op een anekdote of grap van iemand en kapte die het gesprek abrupt af. Was ik onbegrijpelijk geweest? Saai? Grof? Langdradig? Of was dit 'gewoon' hoe Engelsen een kantoorpraatje beëindigen op het moment dat ze zich realiseren hoeveel ze die dag nog te doen hebben? Regelmatig had ik het idee dat ik 'klikte' met iemand, maar die persoon niet met mij. Of misschien toch, en had ik het niet door? Maar een 'klik' betekent toch dat je elkaar aanvoelt?

Ik leerde mezelf een Britse uitspraak aan en ging 'dànce' en 'tomàto' zeggen in plaats van het Amerikaanse 'dèènce' en 'toméétoʼ. Ik ging mijn tanden beter poetsen, veranderde van deodorant en probeerde me te kleden zoals collega's. Maar daar lag het allemaal niet aan – of niet alleen.

Hoe dan ook maakte het Engels me gefrustreerd, alsof er zich een kooi om mij sloot op het moment dat ik begon te praten. Iedere kennismaking verliep langs dezelfde lijnen: 'Ja... maar waar kom jij écht vandaan?' Het waren altijd aardige en geïnteresseerde gesprekjes – de meeste mensen bij *The Guardian* zijn aardig en geïnteresseerd. Maar het ging wel steeds over wat mij anders maakte. Soms leek het alsof alles wat ik deed aan mijn nationaliteit werd gekoppeld, zodat zelfs succesjes mijn positie als outsider onderstreepten.

Behalve dat er weinig succesjes waren. Misschien is het mijn taalbeheersing, dacht ik, en leerde een halfjaar lang iedere week een column uit de *Financial Times* uit mijn hoofd, achthonderd woorden ofwel ruim drie pagina's in een boek als dit. Tijdens het zwemmen op vrijdag kon ik die dan foutloos voor mezelf opzeggen.

Dit bleek een verrassend goede manier om in een vreemde taal te leren denken, in plaats van dat je alles vertaalt. Maar hoe beter dit lukte, hoe meer ik besefte dat ik mijn Engels nooit 'op het puntje van mijn tong' zou kunnen proeven. Het was gewoon niet de taal waarin ik in mijn jeugd ben getroost, voorgelezen en voor de gek gehouden, waarin ik heb leren lezen, tellen, flirten en ruziemaken. Deze achterstand ging ik nooit meer helemaal inlopen.

Tegelijk bleef mij van alles ontgaan, hoe groot mijn woordenschat ook werd, of hoe foutloos mijn grammatica. Dan zei iemand in een vergadering over een collega: '*Well he would, wouldn't he*?' en knikten alle aanwezigen veelbetekenend. Dat bleek een zin uit de rechtszaak over het Profumo-schandaal uit de jaren zestig. Hoe kon ik dat weten?

Een collega legde me een app binnen het *Guardian*-computersysteem uit en zei met een enorme glimlach: '*Does exactly as it says on the tin!*' Ik probeerde haar een enorme *smile* terug te geven, maar ze zag meteen dat ik geen idee had waarnaar ze verwees en legde geduldig uit dat die zin uit een beroemd reclamespotje kwam. Soepel en losjes werd het niet zo.

Ik ging erop letten als ik met mijn gezin thuis Nederlands sprak: hoeveel van mijn uitdrukkingen, woorden en zinnetjes uit het werk komen van Annie M.G. Schmidt, André van Duin, Koot & Bie, Jiskefet, Brigitte Kaandorp, Theo en Thea, Wim T. Schippers, André Hazes, Jenny Arean of Doe Maar, en hoeveel er verwijzen naar een televisieprogramma, film- of romantitel, naar reclames of Postbus 51-mededelingen van soms dertig jaar terug, naar een verkiezingsslogan, dichtregel of een iconische uitspraak van een BN'er.

Engelsen hebben net zo'n pop-cultureel archief. Het is nog wel wat groter dan het onze en creatieve grootverbruikers van taal zoals bij *The Guardian* putten hier constant uit. Een enkele keer sprak zo'n zegswijze voor zich, anders zocht ik het later op. Razend interessant allemaal, maar wat zat ik vaak een beetje schaapachtig mee te lachen, nadat iemand zo'n voor mij nieuwe uitdrukking had gebruikt.

Aan mijn Nederlandse pop-culturele archief had ik intussen niks – dat zat daar in mijn hoofd als software dat op geen andere computer kan draaien dan de jouwe.

En dan was er de kantoortaal, een derde soort Engels waarin ik tekortkwam. In Nederland zal ik nooit tegen een collega zeggen dat hij iets 'verkeerd heeft gedaan'. Er is in zijn werk 'een foutje geslopen'. Ben ik zelf slordig geweest of lui, dan 'is dat inderdaad bij mij blijven liggen'. Tegelijk zien Nederlanders zichzelf als een volk dat 'rechtdoorzee' is en het liefst 'zegt waar het op staat'.

De Engelse kantoortaal heeft dit soort paradoxale nuances ook, alleen waren die mij vreemd. Enkel de Engelse afkeer van 'recht voor zijn raap' had ik meteen door. Dat wordt gezien als of hufterigheid of incompetentie: kennelijk ben je niet bereid of in staat je boodschap zo in te kleden dat niemand onnodig voor het hoofd wordt gestoten.

Online viel er gelukkig van alles te vinden over kantoortaal en 'wat Engelsen zeggen en wat Engelsen bedoelen'. Je gebruikt '*very interesting*' voor 'wat een onzin' en '*what a brave proposal*' betekent: 'bent u gek geworden?' De Engelse cultuur kent vier verschillende verontschuldigingen: *sorry*, *very sorry*, *terribly sorry* en *awfully sorry*. Elk drukt een andere nuance uit, en verkeerd gebruik komt snel bot of overdreven over.

Zelf had *The Guardian* ook nog eigen uitdrukkingen

en zegswijzen, dus stak ik een opschrijfboekje bij me om discreet te noteren welke formulering bij welke situatie paste. Dat hield ik dan bij de hand als ik een e-mail schreef. Voor een vrijblijvend aanbod van hulp: '*Is there anything at this end we can do?*' Als je voorzichtig wil informeren: '*As this is a topic that is not going away any time soon, I just wondered if...*' Over een losse deadline: '*Don't worry if it slips a bit.*'

Kantoor-Engels viel net als kranten-Engels te leren, maar een *native* zou ik nooit worden. Zo werd ik weer bijna dankbaar voor mijn accent want dan konden collega's mijn culturele missers althans plaatsen. Engeland heeft nu eenmaal een andere cultuur dan Nederland, met andere omgangsvormen rond bijvoorbeeld beleefdheid en hiërarchie. Engelse bankiers die in de city bij ABN AMRO of ING werkten, vertelden hoezeer ze moesten wennen aan de Nederlandse lompheid. 'Dan zag een Nederlandse collega dat ik naar de kapper was geweest. Op mijn vraag wat ze ervan vond, antwoordt zo iemand dan: "Je vorige kapsel stond je beter." Dat heeft wel even geduurd, voor ik kon geloven dat dit normaal gedrag is, voor een Nederlander.'

In het vliegtuig naar Londen zat ik soms naast Nederlandse managers die in Engeland werkten. Gevraagd naar de verschillen zei zo iemand bijna altijd: 'Iedereen doet wat je zegt. Wat een verademing! Maar wacht even, denk je na drie maanden opeens. Als iedereen hier altijd doet wat ik zeg, hoe kom ik er dan achter of het wel goed gaat?'

Engelse vrienden die ik op een feestje ter gelegenheid van Koninginnedag beelden liet zien van de viering, waren overtuigd dat ze naar een parodie keken. Je als kroonprins laten filmen bij het koekhappen? Een vorstin die wat op een markt rondloopt en zich lachend op de wang laat zoenen door een wildvreemde... Dan is je gezag toch weg?

Niet bij Nederlanders. Die sluiten de Oranjes op zo'n moment juist in het hart.

Dit soort cultuurverschillen tussen landen die nog geen tweehonderd kilometer van elkaar liggen en al eeuwen diepgaand met elkaar zijn vervlochten, boeiden me mateloos, als antropoloog. Maar de gretige immigrant die ik ook was viel meer en meer ten prooi aan verwarring en onzekerheid. Ik wist me niet te gedragen, letterlijk. Zonder dat ik het destijds besefte begon ik mezelf kleiner te maken, en soms bijna onzichtbaar. Bij lezingen van een prominente gast op de redactie stelde ik steeds minder vaak een vraag. Ik liet grapjes of ironisch bedoelde opmerkingen steeds meer achterwege, laat staan dat ik nog aanbood mee te denken met voorstellen van anderen.

▼

Ik 'klikte' niet, bij *The Guardian*. Dat was geen racisme of seksisme, want ik zag er net zo uit als de hoofdredacteur, de premier van het land en de kroonprins. Het was mijn achtergrond. Ik had een andere taal en omgangsvormen, en een ander pop-cultureel archief dan de mensen om mij heen. Maar ik miste nog iets belangrijks: een jeugd in de 'juiste' sociale klasse.

Naarmate ik meer collega's leerde kennen, viel me op hoevelen hadden gestudeerd aan 'Oxbridge' (een samentrekking van Oxford en Cambridge), of aan de even prestigieuze London School of Economics. Hoe hoger in de organisatie, des te meer personen deze opleiding met elkaar deelden.

En juist dit selecte groepje bleek heel vaak nog een kenmerk gemeen te hebben. Ze hoorden bij de circa 7 procent van het land die naar een particuliere middelbare basisschool is gegaan, of anders naar een *grammar school* – het Engelse equivalent van het gymnasium dat in de jaren tachtig grotendeels is afgeschaft.

Deze collega's hadden de soort ouders die zo'n eliteschool kunnen betalen, of een beurs weten te regelen: hoogopgeleid of welgesteld dus. Die ouders woonden in dezelfde soort buurten, namen hun kinderen mee op dezelfde soort vakanties en deden ze op dezelfde soort sportclubs.

Het was niet zo dat alle collega's met dit soort nest en opleiding elkaar kenden. Ze waren onderling ook heel verschillend, qua geslacht, seksuele identiteit en soms huidskleur. Maar ze konden elkaar makkelijk léren kennen. Ze hadden eenzelfde soort jeugd achter zich, met op hun privé- of grammar school en daarna Oxbridge dezelfde soort vormende jaren als puber en jongvolwassene.

Gaandeweg leerde ik dit soort collega's herkennen en na een tijdje kon ik ze er zo 'uitpikken'. De sleutel was hun volkomen ontspannen omgang met *Queen's English.* Dit is het Britse equivalent van Algemeen Beschaafd Nederlands en wordt gebruikt door de BBC, politici en de rechterlijke macht. Queen's English verwijst naar het 'juiste' vocabulaire en hoe je dat 'hoort' uit te spreken. Maar nog veel subtieler komt het tot uitdrukking in wat je toongebruik zou kunnen noemen: hoe je met toon en klemtoon aangeeft wat je werkelijk bedoelt. Zodat je snapt wanneer '*we should do lunch some time*' betekent: 'Ik wil jou nooit meer zien'. En wanneer: 'Laten we een keer lunchen!' Dat je snapt wanneer 'Joris, *we love your columns*' betekent: 'We vinden je columns goed en gaan ze plaatsen,' en wanneer het betekent: 'Sorry, het gaat toch niet door met die columns van je, ik kan je niet vertellen waarom dus hou erover op.'

Hoe vaak ik niet bij vergaderingen heb gezeten waar geen woord viel dat ik moest opzoeken terwijl ik na afloop toch geen idee had wat er was besloten. Soms zeiden mensen '*maybe, maybe not*', maar bedoelden ze: 'vergeet het maar'. Soms: 'dat zou nog best eens kunnen, ja'. En soms: 'ik weet het echt nog niet, misschien wel, misschien niet'.

Welke was het? Collega's met een jeugd in de hogere middenklasse spraken van huis uit Queen's English en wisten dit feilloos. Hun ouders gebruikten de variaties van '*maybe, maybe not*' op dezelfde manier als later op hun privéschool, op Oxbridge, en nu bij *The Guardian*.

Dat ik dit helder kreeg, dank ik aan collega's voor wie Queen's English ook een soort 'tweede taal' was geweest. Je had bij *The Guardian* natuurlijk ook mensen uit de arbeidersklasse, en hier en daar een boerenzoon of -dochter. Sommigen van hen hadden hun 'platte' manier van praten behouden, anderen hadden dictie en ook woordkeus aangepast. Maar hoe ze zich ook opstelden, om zich staande te houden bij *The Guardian* hadden ze allemaal het toongebruik van de hogere middenklasse moeten leren. Misschien toen ze dankzij een beurs naar een privéschool mochten, of op Oxford of Cambridge waar ze ondanks hun diploma van een staatsschool binnen waren gekomen. Anders hadden ze het pas bij *The Guardian* geleerd, of in een eerdere baan waar de hoogopgeleide middenklasse de dienst uitmaakt.

Deze collega's hielpen me na vergaderingen en presentaties ontcijferen wat er werkelijk was gezegd, en maakten me enigszins vertrouwd met de codes van de Engelse hogere middenklasse.

▼

Engelsen stellen de kantoortuin vaak voor als een atletiekbaan. Iedereen loopt zijn race en voor gelijke kansen is het enkel noodzakelijk dat iedereen zonder vooroordelen wordt behandeld en beoordeeld.

Het idee van eenlingen die met elkaar de strijd aangaan past in de individualistische Angelsaksische traditie. Het is zeker onderdeel van werk: *to compete* met collega's. Maar werken is zo vaak sámenwerken, waarbij je elkaar moet 'aanvoelen' zodat je weet hoe je de ander de bal kunt 'toespelen'. Vaak gaat dit over 'gunnen', een woord dat Engelsen niet eens hebben. *To begrudge* ofwel 'misgunnen' bestaat dan weer wel.

Ik wist bij *The Guardian* gewoon niet 'hoe het werkt', en kon dit alleen met heel erg veel moeite hooguit een beetje inhalen: hoe reageer je op de juiste manier op een complimentje van een collega, en hoe deel je er eentje uit? Hoe vraag je op de juiste manier om een gunst, of herinner je iemand eraan dat je er een hebt verleend? Hoe uit je op de juiste manier bijval of juist afkeuring, onverschilligheid of ongeduld? Hoe zorg je op de juiste manier dat de baas weet dat jij het meeste werk hebt verricht bij een bepaalde opdracht zonder onbescheiden over te komen? Een collega antwoordt niet op een mail. Hoe kom je er op de juiste manier achter of dit uit onwil is of dat er iets anders speelt, en in dat laatste geval: wat dan? De baas maakt een grap en je lacht zoals iedereen net iets te hard. Hoeveel te hard? Hoelang? Een collega flikt je een kunstje en nu krijg jij de schuld. Hoe verdedig je je, op de juiste manier?

Enzovoort enzovoort.

Het probleem was niet alleen dat de codes van de hogere middenklasse mij vreemd waren. Het probleem was ook dat leidinggevenden die niets anders dan deze codes kenden, het bestaan ervan niet leken te beseffen. Er is dat verhaaltje van de vis die bij een andere vis informeert naar het water en als antwoord krijgt: 'Wat is water?'

Op eenzelfde manier liep ik bij *The Guardian* te zwemmen: 'Hoe zijn hier de codes?' Waarop collega's die hun hele leven in dezelfde hogere middenklasse hadden verkeerd, verbaasd vroegen: 'Waar heb je het over? Wees gewoon jezelf!'

▼

Wie weet dat het voor sommige *working class*-collega's helend werkte om een ander de weg te wijzen die ze zelf eerder hadden moeten afleggen. Hoe dan ook, ik ben ze diep dankbaar. Ze leerden me onderscheid maken tussen gedrag dat typisch Engels is, typisch *Guardian* en typisch hogere middenklasse. Zo ging ik inzien hoe groot de afstand is tussen mijzelf en de Engelse hogere middenklasse, en toen wist ik: dit ga ik niet overbruggen.

Ik zou mijn hele manier van doen en denken moeten doorlichten, opnieuw afstellen en zelfs heruitvinden.

Dit kan ik niet, en zelfs als ik het kon, zou ik mezelf kwijtraken. En hoe goed ik ook assimileer, helemaal ga ik er nooit bij horen. Wat je jezelf later aanleert, voelt altijd anders dan wat je in je jeugd meekrijgt. Anderen zullen dat haarfijn doorhebben.

Van de bankiers hoorde ik dat je nooit moet gaan zitten wachten tot je eruit wordt gegooid. Altijd zelf de regie houden. Ruim twee jaar had ik het bij *The Guardian* volgehouden. Toen diende ik met nog tien maanden op mijn contract mijn ontslag in, om een boek over bankiers te gaan schrijven, maar ook om nooit meer terug te keren.

Dag jongensdroom, en niks hoera voor Joris.

Weet je ook eens hoe het voelt

Was *Jorish from Holland* niet gewoon een maatje te klein? Dat mijn voorstellen en ideeën over journalistieke vernieuwing best mee kunnen op het niveau van landjes als Nederland of België, maar niet in de Engelstalige arena met meer dan een miljard mensen?

Dit is goed mogelijk. Maar wat als ik mezelf en mijn journalistieke methode had kunnen presenteren volgens de kantoortaal en codes van *The Guardian*? Ik voelde me als een spits die naar een topclub mocht en daar twee seizoenen lang nauwelijks een doelpunt wist te scoren. Niet omdat hij alle kansen miste, maar omdat hij niet van de reservebank kwam.

'Weet je ook eens hoe het voelt,' verzuchtte een bevriende moslima toen ik haar mijn verhaal deed. Ze verwoordde het veel aardiger, realiseer ik me achteraf. Waarschijnlijk zag ze hoezeer ik mijn wonden aan het likken was. Hoe komt een man halverwege de veertig aan een nieuwe jongensdroom?

Het was de herfst van 2017 en ik woonde weer in Nederland. Om me af te reageren schreef ik soms een 'vlammend' opinieartikel over alle incompetentie, zelfbedrog en cynisme bij de politieke en media-elite in Engeland. Dan belde ik met Hans Steketee, redacteur opinie bij *NRC Handelsblad*: leende het laatste rijtje verbroken Londense beloftes zich voor een stuk? Als vanzelf kaatsten onze ideeën, invalshoeken en tips heen en weer: 'Heb je dat stuk in *Der Spiegel* gezien? Ik stuur het wel even!' Een misverstand realiseerden we ons meteen en losten we op met een verduidelijking en een grapje. Twintig efficiënte minuten later waren we het eens: beter een week wachten totdat dat belangrijke overleg over brexit in Brussel is vastgelopen.

Ik legde de telefoon neer en dacht: wat een verschil met *The Guardian*.

In dezelfde periode zocht een studente antropologie die ik had leren kennen, Razia Jaggoe, een stage. Als kind van berooide migranten uit Pakistan kende ze geen mensen in kringen waar stages worden vergeven. Dus ik trok mijn superheldenpak aan, mailde mijn netwerk en al snel kwam ergens het verlossende woord: we hebben plek. Dank je wel, reageerde Jaggoe. De komende twee weken had ze nog tentamens, en zodra die af waren nam ze contact op.

Hmm, dacht ik: dat voelt niet goed. Wat schuurde hier? O ja! Je moet op zo'n moment juist direct een één-regelige dankmail sturen waarin je zegt dat je nog tentamens hebt, maar over veertien dagen met een uitgebreidere mail komt. Door het bij één regel te houden, laat je zien dat je snapt dat de ander druk is, met de vervolgmail op de afgesproken dag dat je afspraken nakomt. Zo smeed je het ijzer als het heet is en heb je niet één maar twee contactmomenten. Dat wil je uiteindelijk: in iemands achterhoofd komen te zitten zodat je toetreedt tot diens netwerk.

'Dit zou ik nou echt niet bedacht hebben,' mailde Jaggoe. 'Omdat ik het als spam-irritatie-risico zou inschatten. Dat meer contact negatief bevestigend wordt, of zo.'
Ik keek op van mijn computer en dacht: is dit wat ik bij *The Guardian* meemaakte?

Het was weer eens tijd voor een stuk voor *NRC* en omdat Steketee vrij was, belandde het bij zijn collega, Lotfi El Hamidi. Al snel mailde hij: of ik kon bellen, hij had nog 'een aantal kanttekeningen' die we moesten 'bespreken'.

Voor ik er erg in had, trok mijn maag samen. Bij *NRC* is deze formulering een gecodeerde waarschuwing voor: je verhaal is onder de maat, veeg je agenda voor vandaag maar leeg, het moet helemaal om.

Wij bellen, en El Hamidi was juist tevreden. Een paar formuleringen zou ik nog kunnen aanpassen, dacht hij. Dan kon het de krant in.

Ik voelde mijn maag ontspannen. Dat waren geen 'kanttekeningen'. Zoals Steketee gezegd zou hebben: er waren nog 'een paar puntjes'.

Een artikel later was Steketee terug op zijn plek. Ik had sindsdien veel nagedacht over de *NRC*-kantoortaal, zoals het verschil tussen 'kijk daar en daar nog even naar' (lees:

met een paar kleine wijzigingen kan je stuk door) en 'daar en daar moet je denk ik echt nog even naar kijken' (betekenis: je stuk is puin. Begin maar beter opnieuw). Het verschil tussen 'dat wil ik wel lezen' en 'daar moet je inderdaad een keer iets over schrijven', als reactie op een ingediend voorstel. Of de nuances tussen 'ik heb het gezien', 'je stuk stond er mooi in' en 'dat had je mooi opgeschreven'.

Waarom schakelde ik zo makkelijk met Steketee? Hij was ooit correspondent in Londen. We hebben in dezelfde buurt gewoond, wat in een stad van acht miljoen vrij toevallig is. Zoiets schept een band. Was dat de reden? Bij mij loopt de mond vaak over waar het hoofd vol van is en voor ik het wist vroeg ik bruusk of hij toevallig uit een hoogopgeleid gezin komt. Ja. Migratieachtergrond? Nee. Opleiding? Gymnasium en universiteit.

Met Steketees baas en chef opinie Peter Vermaas kan ik even goed 'opschieten' – letterlijk en figuurlijk. Behalve gymnasium ('dat vonden mijn ouders elitair') tikte hij dezelfde lijst af: hoogopgeleide ouders, autochtoon, vwo en universiteit.

Van Carolien Roelants, de redacteur met wie ik als Midden-Oostencorrespondent jarenlang iedere dag intensief overlegde, brainstormde en lief en leed deelde, wist ik al dat ze gymnasium had en geschiedenis studeerde. Navraag leerde dat haar beide ouders zijn geboren in Nederland, en haar vader na zijn rechtenstudie eigenaar en directeur werd van een drukkerij. Mijn voorgangster in het Midden-Oosten, Caroline de Gruyter: hoogopgeleide ouders, autochtoon, gymnasium en universiteit.

Wubby Luyendijk (geen familie) die mij als 'chef' van het Zaterdags Bijvoegsel zoveel vertrouwen en kansen had gegeven: zelfde rijtje, net als de chef van het maandblad *M* destijds, Laura Starink. Al had die nog een Duitse moeder (die kunsthistorica was).

En Lotfi El Hamidi? Hij had net als ik de universiteit doorlopen, maar was daar gekomen via de mavo en de havo. 'Pa was een fabrieksarbeider bij DAF Trucks, ma schoonmaakster – echte arbeidersklasse. Ouders geboren in de Rif. Thuis spraken we Riffijns.'

▼

Ik was altijd zo trots als een aap dat ik bij *NRC* zat. Maar hoe knap was het geweest om daar gehoor te vinden voor mijn plannen en voorstellen, met aan de andere kant van de tafel steeds iemand met dezelfde soort jeugd als ik, en ook nog een vergelijkbare opleiding en daarmee dezelfde soort vormende jaren als puber en jongvolwassene?

Aan de advertenties, ingezonden brieven en overlijdensberichten is wel te zien dat ook veel *NRC*-lezers mijn cultuur, klasse en opleidingstype hebben. Hoe knap is het dan nog dat ik de afgelopen decennia zo vaak onderwerpen en invalshoeken wist te bedenken die aansloten bij hun prioriteiten, gevoeligheden en wereldbeeld?

Nu was de antropoloog in mij ontwaakt, net als de statisticus. Voor het eerst in mijn leven stelde ik mijzelf de vraag: waarom is mij eigenlijk altijd zoveel gelukt?

▼

Omdat ik zo goed ben in wat ik doe. Dat zou het makkelijke antwoord zijn. Ik leer graag en makkelijk, en had op de basisschool in de vijfde ofwel groep zeven de leerstof al af. Op het gymnasium deed ik een extra vak en op de universiteit studeerde ik cum laude ofwel met een acht gemiddeld af.

Ik werk ook hard. Als student spaarde ik met baantjes voor avonturen in het buitenland, schreef voor allerlei studentenbladen en deed er een tweede studie naast – het was allemaal zo machtig interessant. Ook in mijn werkende leven heb ik altijd veel uren gemaakt.

En ik durf dingen. Op mijn achttiende een jaar naar Amerika, voor mijn afstudeeronderzoek naar een Egyptische achterbuurt, correspondent in het Midden-Oosten, met mijn gezin in Londen gaan wonen...

Zo kan ik mij ervan afmaken. Mij is veel gelukt in het leven omdat ik een harde werker ben die risico's durft te nemen. Zo ontstaan kansen die ik met hard werken verzilver, waarna ik een nieuw risico neem, waaruit weer kansen ontstaan en zo verder. Succes is een keuze en willen is kunnen. Alles is mogelijk als je het hard genoeg wil. Tjakka!

Maar die heerlijke droom dan die ik al mijn hele leven zo nu en dan heb? Als een reiger spreid ik mijn vleugels en uit stand stijg ik op, zonder verder gedoe, hemelwaarts.

Niemand vindt dit raar of erg; sommige mensen zwaaien zelfs.

In mijn twee jaar bij *The Guardian* had ik deze droom opeens niet meer, terwijl overdag mijn lef, optimisme en zelfvertrouwen langzaam in elkaar waren gezakt, als door eindeloos veel golfjes aangevreten zandkastelen. Had ik het niet graag genoeg gewild, in Londen?

In mijn studie had ik al geleerd dat je mensen nooit los kunt zien van de context waarin ze leven. Dat je behalve naar individuele karaktereigenschappen altijd ook moet kijken naar de omstandigheden waarin deze wel of niet tot bloei kunnen komen. Alleen had ik deze kennis nooit op mezelf toegepast, als een dokter die rookt.

Ik werkte een stapel boeken, rapporten en documentaires over kansenongelijkheid door, en een berg interviews met succesvolle BN'ers over hun levensloop. Ik ondervroeg mensen in mijn omgeving over hun jeugd, achtergrond en loopbaan. Ik herlas brieven en e-mails, en spitte mijn dagboeken en werkstukken van vroeger door. Zelfs de Lucky Luke Schoolagenda 1984-85 had ik nog.

Het leek wel of er een orkaan door mijn werkkamer was getrokken. Al die aantekeningen en stapels papier, vers geprint of juist bedekt onder laagjes stof uit vier continenten. Hier lag de weerslag van een halve eeuw zelfontplooiing en geldingsdrang. Als ik daar nu eens de belangrijkste sleutelmomenten aanwees, cruciale punten waar mijn leven en loopbaan best een minder kansrijke en glansrijke richting hadden kunnen krijgen. Waarom ging het, tot *The Guardian*, steeds zo goed?

Een zelfonderzoek

Op mijn zevende, net voor Sinterklaas, kon ik ineens niet meer lopen. Ik verkaste naar het ziekenhuis, waar de artsen pas na weken van soms erg pijnlijk onderzoek de oorzaak vonden. Zonder dat ik het wist gelukkig, waren mijn ouders al bezig met plannen voor een verbouwing. Ik zou in een rolstoel kunnen komen, áls ik het overleefde.

Zo nu en dan denk ik eraan terug: wat als ik aan deze bacteriële hersenvliesontsteking een lichamelijke beperking had overgehouden? Mijn hersens zouden nog hetzelfde zijn, en daarmee mijn potentieel. Maar hoeveel energie was ik kwijt geweest, iedere dag opnieuw, aan barrières die voor mensen met functionerende benen niet bestaan? Hoeveel kracht was gaan zitten in de strijd tegen vooroordelen over mensen in een rolstoel? Ik ben daar zelf ook niet vrij van, vrees ik.

Gezondheid en veiligheid zijn de basis, en zo bezien is het leven een lange aaneenschakeling van afslagen. Iedere seconde kan er iets misgaan met je lichaam, je geest, of je dierbaren.

Bij de zevenjarige Joris viel het dubbeltje de gunstige kant op. Behalve mijn snelheid bij rennen kreeg ik alle lichaamsfuncties terug. Na een paar maanden kon ik weer naar school en vier jaar later diende zich daar een eerste sleutelmoment aan: de schoolkeuze.

Het werd gymnasium en dat is een geschenk voor het leven gebleken – of zoals Engelsen nog mooier zeggen: *a gift that keeps on giving*. Toen brexit mijn belangstelling voor de EU wekte, kon ik mijn Duits en Frans zo 'ophalen'. Het zat er allemaal nog, net als het onderwijs in statistiek en kansberekening – essentieel bij de research voor dit boek. Zoals het een gentleman betaamt ben ik 'mijn' Latijn vergeten, maar al dat nauwgezet vertalen scherpte zes jaar lang mijn taalgevoel. Grieks deed me wennen aan een vreemd alfabet en een wezenlijk andere grammatica, wat later hielp bij het leren van Arabisch. Al denk ik daarvan nog steeds: had me liever meteen Arabisch onderwezen. Dat is een beschaving even groots en rijk als de Griekse of Romeinse, Arabisch is net zo moeilijk goed te vertalen, en het hoort met ruim 400 miljoen sprekers tot de vijf meest gebruikte talen ter wereld.

Veel van mijn klasgenoten zagen school vooral als een serie zinloze exercities in gehoorzaamheid, hordes die je met zo min mogelijk inspanning moest zien te nemen. Maar er waren ook een paar leerlingen met oprechte interesse, en docenten die hun liefde en respect voor wat er in Nederland door de eeuwen heen is bedacht met verve uitdroegen; van het humanisme van Erasmus via Spinoza naar Huizinga en diens grootse inzicht dat de mens ten diepste niet wil wedijveren en concurreren, zoals in de Angelsaksische tradities, maar dat de mens wil spelen; alleen of met anderen. Je kunt lacherig doen over 's lands intellectuele tradities. Maar wat een voorrecht om ze doorgegeven te krijgen – hetzij uit interesse, of anders om er later mee te kunnen schermen.

Leerstof die je gemist hebt omdat je niet naar het gymnasium of het vwo ging, kun je later in je leven 'bijspijkeren'. Maar categoriale ofwel zelfstandige gymnasia zoals het mijne bieden ook voordelen die veel moeilijker zijn in te halen.

Leraren zeiden letterlijk dat wij 'het neusje van de zalm' waren. Te midden van alle onzekerheden die ik als puber met me meedroeg heeft dit beeld zich toch ergens in mijn achterhoofd genesteld. Dat ik bij lastige situaties later in mijn leven kan denken: ik heb het moeilijkste schooltype van het land voltooid. Als ik dit niet snap, dan snapt waarschijnlijk bijna niemand het. Ik ben veilig.

'Jullie zijn de leiders van morgen.' Ook dat kregen we regelmatig te horen, en de school schermde met oud-leerlingen als schrijver Cees Nooteboom, VVD-coryfee Hans Wiegel en verzetsheld Paul Polak. Later kwamen daar oud-ABN-topman Rijkman Groenink en prinses Mabel van Oranje bij. Dan zag je zo'n lijst en dacht je: hier hoor ik kennelijk bij.

Publicist en oud-Kamerlid voor GroenLinks Zihni

Özdil schreef over zijn tijd op het prestigieuze Erasmiaans Gymnasium in Rotterdam: 'Die school heeft ervoor gezorgd dat ik me in Nederland thuis ben gaan voelen en dat ik me nu op natuurlijke wijze kan bewegen tussen de hoogopgeleide elite van het land.' Dat herken ik volledig. Niet alleen leerde ik op het gymnasium de historische feiten die 'ieder weldenkend mens' paraat heeft en kreeg ik door welke schrijvers, denkers, dichters, schilders of regisseurs je 'gewoon' hoort te kennen. Vooral kreeg ik overgedragen hoe je over jezelf, over Nederland en over de wereld kunt denken en praten. Ik leerde met andere woorden hoe het eraan toegaat in de hogere middenklasse. De codes dus, ofwel de Nederlandse variant van wat ik bij *The Guardian* zo node had gemist.

Bijna mijn hele klas ging bij het corps en stroomde door naar het grote bedrijfsleven. Ik heb daardoor in mijn loopbaan weinig aan ze gehad, even cru uitgedrukt. Op één uitzondering na. Ik zat in de klas met de dochter van Kees van Lede, destijds voorzitter van de belangrijkste werkgeverslobby, later lange tijd hoogste baas van Akzo-Nobel en decennialang beschouwd als een van de invloedrijkste personen in het Nederlandse bedrijfsleven.

De villa van Van Lede lag in mijn krantenwijk. Op zaterdag bezorgde ik daar de *NRC*, en dat zat toch in mijn achterhoofd toen ik voor het eerst bij ze over de vloer kwam. Van de andere kant zat ik als zeventienjarige een keer achterin bij hem in de auto en constateerde wat iedereen vaststelt die met een beroemd en machtig persoon in aanraking komt: het is gewoon een mens. Zijn dochter en ik hielden door de jaren heen contact, en dertig jaar later stuurde Van Lede een berichtje: had ik zin met hem een boek te schrijven over de toekomst van Nederland?

'Natuurlijk werkt het zo,' antwoordde Van Lede toen ik hem kort voor zijn overlijden aan covid mailde. 'Mensen buiten je netwerk, die ken je niet. Die kun je dus ook niet benaderen.'

▼

Wat een zegen dat ik gymnasium heb gedaan, temeer omdat uit mijn Cito-toets op de basisschool een havo/vwo-advies rolde. 'Niks van aantrekken,' zei daarop meester Jos tegen mijn ouders. 'Hij had kennelijk een slechte dag. Die jongen kan prima gymnasium.'

Meester Jos heeft dit goed gezien. Maar wat als ik een andere huidskleur had gehad en op de basisschool hetzelfde had moeten ondergaan als generatiegenoot en collega-antropoloog Gerri Eickhof van het *NOS Journaal*? Zijn moeder is wit en autochtoon Nederlands, maar door zijn afwezige, vermoedelijk Surinaamse vader heeft Eickhof een bruine huid, als enige in zijn buurt destijds in Amsterdam-Noord. 'Ik werd elke dag uitgescholden op de weg tussen school en huis door een stoet van vijf tot twintig kinderen die aan de overkant met me meeliep,' vertelde Eickhof aan *Het Parool*. '"Nikker, bruine boon, nikker, bruine boon." Vijf dagen in de week, vier keer per dag, want toen at je tussen de middag nog thuis.'

Zouden mijn schoolprestaties aangetast zijn als mij dit was overkomen? Stel van niet. Zou meester Jos nog steeds met een hoger advies over mijn Cito-score zijn 'heen gegaan'? De eerste vrouwelijke burgemeester van kleur, Joyce Sylvester, scoorde beter op de Cito dan ik. Haar ouders hadden de taart al in huis toen het advies op de mat viel: huishoud- en nijverheidsonderwijs. Na protest mocht Sylvester havo/vwo 'proberen', waarna ze vwo afrondde, twee studies voltooide en naast een voltijdbaan promoveerde.

Ook de al genoemde gymnasiast en oud-Tweede Kamerlid Zihni Özdil overtrof mijn Cito-score. In zijn afscheidscolumn voor *NRC* beschreef hij wat er in 1993 gebeurde: 'Ik zit met mijn ouders bij het schooladviesgesprek op een basisschool in Rotterdam-Zuid. Zoals zo vaak moet ik mee om te vertalen, waar ik nooit zin in heb. De hoofddocent meent het oprecht goed met mij en vindt dat ik met havo moet beginnen. Mijn vader gaat de discussie aan, zegt dat hij niet naar huis gaat voor ik vwo-advies krijg. Ik schaam me. Zeg in het Turks tegen hem: "Pap, niet moeilijk doen, accepteer gewoon wat hij zegt en laten we gaan." Gelukkig houdt mijn vader koers.'

Van racisme heb ik bij meester Jos nooit wat gemerkt, niets. Maar waar zag hij in 1984 voorbeelden van succesvolle Nederlanders van kleur die een hoger schooltype aankonden dan hijzelf – een professor, een minister of een CEO? Ook wij zongen in de klas met de inzamelingsacties tegen armoede in Afrika het Kinderen voor Kinderen-liedje mee: 'Een kind onder de Evenaar is meestal maar een bedelaar.'

Als correspondent in het Midden-Oosten interviewde ik bijna dagelijks Palestijnse, Libanese of Egyptische experts, denkers en activisten. Vaak spraken die beter Engels dan ik, mannen zowel als vrouwen, en hadden ze aan betere universiteiten gestudeerd. Ik herinner me goed dat ik daaraan moest wennen. Een Arabier die in alles waarin ik probeerde uit te blinken, beter was? Bij witte experts, denkers en activisten had ik dat nooit.

Of stel dat mijn ouders uit het voormalig Joegoslavië, Polen of Rusland waren gekomen. Dan was ik gevrijwaard gebleven van racisme of onbewuste superioriteitsgevoelens op basis van huidskleur. Maar thuis had ik mogelijk andere culturele omgangsvormen meegekregen, in een andere taal. Was mijn Nederlands sterk genoeg geweest voor de juist extreem talige Cito-toets? – zelfs bij de rekenopgaven heb je goed Nederlands nodig om te snappen wat er gevraagd wordt. Voor tweetaligheid telt het Cito geen punten bij.

Stel ten slotte dat mijn ouders allebei laaggeletterd waren geweest. Dan had ik bijna zeker plat Hilversums gepraat. Had meester Jos nog steeds doorzien dat ik op school niet balorig of ongeconcentreerd was, maar me verveelde omdat de stof te makkelijk was? Meester Jos had dan ook kunnen denken: het gymnasium, moet ik dat die jongen wel aandoen? Zijn ouders kunnen hem niet helpen met huiswerk en die kakkers hebben meteen door dat hij het thuis niet breed heeft, nooit op wintersport gaat en de Rome-reis niet kan betalen. Die maken 'm af.

Ook dit zou meester Jos goed hebben ingeschat. Wij hadden op het gymnasium één jongen in de klas die met zijn alleenstaande bijstandsmoeder opgroeide. Zijn roepnaam was 'sloeber'.

Wat betreft leervermogen hoorde ik thuis op dat gymnasium. Maar ik kwam er terecht doordat ik, zoals dat heet, ben overgeadviseerd. Dit is moeilijk los te zien van mijn lichaam en mijn nest.

▼

Zes jaar later slaagde ik met vlag en wimpel. Logisch: ik ben goed in taal en rekenen en maakte mijn huiswerk. Er waren er genoeg die geen 'reet uitvoerden', zoals wij dat destijds formuleerden. Hen zwaaiden wij hartelijk uit naar een andere school.

Maar kan ik dat gymnasiumdiploma énkel toeschrijven aan talent en werklust?

Hoe was mijn 'schoolcarrière' verlopen als Olga Luyendijk – de naam die in 1971 klaarlag voor het geval ik zonder Y-chromosoom ter wereld zou komen?

Een kennis van mijn leeftijd, Petra van Saaze, is boerendochter. Haar ouders konden haar niet helpen op school en haar oudere zussen zeiden: wiskunde kun je niet leren, dat snap je of je snapt het niet. Omdat Van Saaze haar huiswerk niet maakte, haalde ze steeds vaker onvoldoendes. Een meisje dat slecht kan rekenen paste in het plaatje en ze liet het vak vallen. Ze had al vroeg bedacht dat ze naar de ondernemersopleiding Nyenrode wilde, maar pas in de vijfde klas werd haar verteld dat je daarvoor wiskunde moet hebben. Uiteindelijk schopte Van Saaze het tot directeur van een helikopterbedrijf voor olie- en gasplatformen in de Noordzee, op haar drieëndertigste. Mooie posities volgden. Maar nooit zal ze weten hoe haar leven was gelopen als haar talent voor exacte vakken op tijd was gezien.

Anders dan Van Saaze had ik soms wel moeite met wiskunde. Maar in mijn hoofd zeurde geen stemmetje: wat denk jij nou, meisje, dat jij dit kunt? Laat staan dat leraren zoiets tegen mij zeiden. Iris Sommer ging in dezelfde periode naar de middelbare school als ik. Hoewel haar cijfers op het Bisschoppelijk College in Roermond uitstekend waren, kreeg ze het advies wis-, natuur- en scheikunde te laten vallen. Toen moest ze beloven dat ze met kerst van school zou gaan, mocht ze die vakken inderdaad niet aankunnen.

Sommer zou later cum laude promoveren en heeft als hoogleraar biomedische wetenschappen nu vier populairwetenschappelijke boeken op haar naam staan. 'Dat valt me zo op bij vrouwen,' zei ze tegen *NRC*. 'Al zijn ze net zo intelligent als mannen, ze twijfelen er meer aan. Eerlijk gezegd herken ik dat wel: wat zit ik hier nou hoogleraar te wezen, ik ben eigenlijk dom.'

Hoe zou ik mijn puberteit op de middelbare school hebben ervaren als ik op jongens viel? Dan had ik midden jaren tachtig ontdekt dat ik 'in een kast' zat. Had ik het op school durven vertellen? Ook toen waren 'homo', 'flikker' en 'mietje' gangbare scheldwoorden. Hoe waren mijn weekends geweest, wetend dat 'potenrammers' door de parken en stegen van Hilversum trokken? Hoe had ik erbij gezeten bij maatschappijleer als we 'van alle kanten' het vraagstuk bekeken of mijn soort mensen misschien gelijke rechten verdienen?

Hoe had de angst voor aids mij geraakt, het gehits van de paus, de Britse tabloids en de Wereldgezondheidsorganisatie die homoseksualiteit destijds aanmerkte als 'psychische stoornis'? Dat is pas in 1993 geschrapt. Had ik nog net zo genoten van al die films, boeken, gedichten en liedjes over de liefde tussen een man en een vrouw, en hoe had mijn persoonlijkheid zich ontwikkeld, in het besef dat zelfs in een ideale wereld zonder discriminatie ik altijd 'anders' zou zijn dan de overweldigende meerderheid?

De directeur van het Sociaal en Cultureel Planbureau, Kim Putters, is van mijn generatie. Aan het *Financieel Dagblad* vertelde hij dat hij 'van het slechtste' uitging toen hij uit de kast kwam. 'Mijn vrienden willen me niet meer zien, mijn ouders nemen afstand van me. Ook in Nederland voel je nog die maatschappelijke druk. Dus ik stelde mijn moeder de vraag: "Vind je het niet erg dan?" Haar vraag toen is de beste die me ooit is gesteld: "Maar wat had je dan van je ouders verwacht?"'

Liefhebbende ouders of verzorgers bij wie je veilig kunt 'hechten', dat is het mooiste geschenk dat een kind kan krijgen. Putters had geluk, zoals ik dat ook zou hebben gehad want mijn ouders zijn goddank vrijzinnig. Mijn katholieke opa liet er geen twijfel over bestaan dat hij homoseksualiteit beschouwde als een ziekte en een straf van God. Hij zou hebben gereageerd als de moeder van oud-D66-partijleider Boris Dittrich. Zij begon te huilen toen haar zoon vertelde dat hij van mannen hield, en wilde weten wat ze verkeerd had gedaan. 'Waarom doet God ons dit aan?'

Of stel dat mijn vader en moeder migranten uit Egypte waren geweest, en me dezelfde traditionele opvoeding gaven als ze zelf hadden gehad. In Egypte is oogcontact het toppunt van onbeleefdheid. Tenzij je wil duidelijk maken dat je ruzie zoekt, kijk je je ouders en oudere familie niet in de ogen, en de politieagent, de rechter of de leraar ook niet.

Wat is op het gymnasium het toppunt van onbeleefdheid? Geen oogcontact maken. 'Kijk me aan als ik tegen je praat!' En: 'Nou zeg, ze keurde me geen blik waardig.'

Had ik me ondanks deze culturele afstand net zo thuis gevoeld op school? Zou ik tegen racisme zijn aangelopen? Wij hadden één zwart meisje in onze jaarlaag van 120 kinderen. Zij was geadopteerd. Een jaar hoger zat nog één leerling van kleur, een jongen met wortels in Zuidoost-Azië. Zijn roepnaam was 'Tamil'.

Een kennis van Surinaamse afkomst vertelde hoe hij op zijn Amsterdamse kakschool de moeder van een klasgenootje eens had horen zeggen: 'Jochum, als je dat soort kinderen mee naar huis neemt moet je het even van tevoren vragen. Afgesproken?' Dit is dertig jaar geleden gebeurd, en hij schoot weer vol. Met niemand uit die tijd heeft hij nog contact. Ik wel, maar ik zie er dan ook uit als Jochum.

Al mijn leraren op het gymnasium waren wit en allemaal hadden ze mijn cultuur, op de juf Frans na – die was Belgisch. Ze onderwezen mij over de autochtone cultuur van Nederland, volgens de omgangsvormen van deze cultuur, in dezelfde taal die ik thuis sprak. In de onderbouw stond ik door pesterijen en een conflict met een machodocent twee keer op het punt van school te gaan. Gelukkig waren mijn ouders altijd naar ouderavonden gekomen en hadden met de klassenmentor een basis gelegd. Zo kon deze mijn gedrag en opstelling 'plaatsen', en kwam er twee keer een oplossing.

'Hoe zie je dat voor je?' snoof een collega toen ik hem vroeg of zijn in Marokko geboren ouders weleens naar zijn ouderavonden op het vwo kwamen: 'Dat ik daar voor ze had gaan zitten tolken?'

▼

Mijn ouders waren niet rijk, althans niet in vergelijking met die van sommige klasgenoten. Maar ik wist dat er geld was om zo nodig bijlessen te kopen, en het idee dat ik zelf mijn schoolreisjes bij elkaar zou moeten werken, kwam niet in me op. Ik droeg geen merkkleding en wij woonden 'over het spoor'. Daar werd ik op het gymnasium en de tennisclub mee geplaagd, en soms gepest. Maar voor een aantal van mijn voetbalvriendjes was ons jarendertighuis een villa. Zij zaten met vijf of zes gezinsleden in een klein appartement in een flat.

Ik had een eigen kamer waar ik rustig huiswerk kon maken en beneden lagen op tafel een goede krant en serieuze weekbladen. De kasten stonden vol gelezen boeken en mijn ouders sleepten ons mee naar musea en concerten. Pogingen mij een instrument te leren bespelen wist ik te saboteren, maar hoe je je openstelt voor klassieke muziek kreeg ik mee; hoe huiveringwekkend mooi het kan zijn, een trouwe metgezel langs de toppen en dalen van dit ondermaanse. Ongemerkt leerde ik welke componisten je hoort te kennen en welke niet, dat er twee Straussen zijn, dat je 'Mootzart' zegt en niet 'Moozzart', en dat kenners hun neus ophalen voor populaire vertolkers als destijds James Last en Berdien Stenberg, en tegenwoordig André Rieu en Wibi Soerjadi.

Had ik me net zo thuis gevoeld, zonder deze 'bagage', op dat gymnasium? Had ik me kunnen concentreren op mijn huiswerk, als ik geen eigen slaapkamer had gehad? Had ik me nog willen concentreren, zonder steun en hulp van mijn ouders? Een vrouw van eind twintig met een prachtige baan bij een grote gemeente vertelde dat ze op de eerste dag van de basisschool van haar analfabete vader een telraam cadeau kreeg. 'Dat was de laatste keer dat hij mij kon helpen met school.' Terwijl ze het zei zag ik haar vechten tegen de opkomende tranen. Even vergelijken: mijn vader was psycholoog en mijn moeder docent Nederlands. Met hem keek ik iedere dag het achtuurjournaal, zij legde boeken naast mijn bed en las er soms eentje met me mee, zodat we het erover konden hebben.

'Mijn vader was bang dat ik dan naar de universiteit zou willen,' antwoordde de schrijver en verpleeghuisarts Bert Keizer tegen het *Algemeen Dagblad* op de vraag waarom hij niet naar het gymnasium mocht. 'Dat redt-ie nooit, zo werd er gedacht. Dat moeten we ook niet willen. Van zoveel ambitie word je ongelukkig.'

Dit laatste klopt: wie boven zijn kracht moet reiken, kan zich zwaar blesseren. Een jongen in mijn klas moest iedere middag naar bijles of huiswerkbegeleiding en thuis de halve avond verder blokken, allemaal omdat zijn adellijke familie niet kon leven met een zoon zonder 's lands meest prestigieuze diploma. Ik zie hem nog zitten in zijn bankje, verslagen na weer een onvoldoende.

Daar is een jeugd geofferd aan de maatschappelijke

onzekerheid van zijn ouders. Zie je dan eens veilig te 'hechten'. Maar dat omgekeerd je eigen ouders je zouden tegenwerken, bewust of onbewust... In zijn boek *Die hoeft nooit meer wat te leren* laat de Limburgse onderwijssocioloog en zoon van een mijnhoutbewerker Jan Brands mensen aan het woord die zich, zoals dat in mijn kringen wel heet, 'ontworsteld' hebben aan een ouderlijk milieu zonder geld of opleiding. De vader van 'Mieke' was loonwerker en bleef bij het kennismakingsgesprek op het gymnasium de 'rector' verkeerd aanspreken. 'Ik dacht: oh, hoe kan ik die man duidelijk maken dat hij geen professor moet zeggen? En hij ging maar door. Daarna dacht ik: geen ouders meer erbij, want dat wordt niks.'

Mijn ouders wisten al dat je op het gymnasium de directeur een rector noemt. Ze gingen ontspannen en op basis van gelijkheid met hem en de docenten om. Zelf sprak ik al van huis uit hetzelfde Algemeen Beschaafd Nederlands als mijn docenten, die daardoor makkelijk met mij klikten en mij goed konden inschatten. Ze waren immers net als mijn ouders hoogopgeleid.

Ja, ik heb echt wel gewerkt op dat gymnasium. Maar ik had ook een formidabele wind in de rug, en mij blies niets in het witte hetero jongensgezicht.

▼

Direct na mijn eindexamen in 1990 ging ik een jaar in Amerika studeren. Ik was op dat moment nog nooit buiten Europa geweest, of lang van huis. Er waren nog geen e-mail, sociale media, internet, Zoom of goedkope vluchten. Bellen was peperduur en de post deed er een week over, als je geluk had. Wie wilde weten hoe het ging in Nederland, was aangewezen op de Wereldomroep.

Ik heb van dit jaar ongelofelijk veel profijt gehad. Ik werd versneld zelfstandig, het Amerikaanse optimisme gaf me vleugels en vooral stak ik voor het eerst een teen buiten de wereld van mijn jeugd. Als buitenlandse student aan de universiteit van Kansas mocht ik alleen bijverdienen in de spoelkeuken, dus daar stond ik naast een Korea-veteraan van dik zestig die met dit baantje zijn studie rechten financierde. Dat soort veerkracht en ambitie had ik in Nederland nooit gezien. Of ik draaide een dienst met de Russische student die de peptalks van onze Amerikaanse 'teammanager' Jerry ('*Together we can do this!*') begroette met een soort opgewekte minachting die volledig nieuw voor me was en me nog altijd vrolijk maakt als ik eraan terugdenk. En dan die keer dat Jerry de spoelkeuken binnen kwam rennen: 'Ze zijn begonnen met bombarderen!' Amerika had de langverwachte aanval op de Iraakse troepen in Koeweit ingezet. Hierop nam de Tunesische student met wie ik tijdens het uitruimen van de afwasmachines weleens de Italiaanse zomerhit 'Lasciate mi cantare' zong, mij apart om deze Golfoorlog uit te leggen vanuit Arabische en islamitische perspectieven – meervoud. Ik wist niet wat ik hoorde en op dat moment ontbrandde niet alleen mijn belangstelling voor het Midden-Oosten, maar ook voor het beeld dat media en onderwijs van deze regio voorschotelen.

Wat goed dat ik als mannetje van achttien dit avontuur ben aangegaan. Wat een durf! Hoera voor Joris? Ik kon naar Amerika omdat ik een beurs had gewonnen. Daarvoor moest je in de vijfde klas gemiddeld een zeven staan en dat stond ik. Genoeg klasgenoten met een eigen slaapkamer en hoogopgeleide of welgestelde ouders voor wie een zes min genoeg was.

Maar op de gang van mijn school was wel een affiche opgehangen voor die beurs (er was nog geen internet). Sterker nog, mijn gymnasium 'leverde' ieder jaar één of twee leerlingen die deze beurs kregen. Bij hen kon ik informatie inwinnen over de procedure, en vooral kreeg ik het signaal: dit kan jij ook.

De beurs dekte een deel van de kosten, en verder had je als zelfstandig in het buitenland wonende jongvolwassene recht op drievoudige kinderbijslag. Dat waren de regels. Maar je ouders moeten daar wel van weten, en de Nederlandse overheidsbureaucratie genoeg snappen en vertrouwen om zoiets met succes aan te vragen.

Ook dan moet je nog steeds de sprong wagen. Maar mijn hele jeugd had ik van familie de vraag gekregen of ik 'al wist' wat ik ging studeren. Dát ik zou studeren stond vast. Dit maakte de stap naar een buitenlandse universiteit beduidend kleiner.

Toen stopte mijn suikeroom me voor vertrek ook nog duizend gulden toe – dat was toen tweehonderdvijftig uur kranten lopen.

Willen is kunnen, roepen succesgoeroes met veel succes. Maar dat kun je omdraaien. Ging ik dat jaar in Amerika niet juist ook willen omdat mij op allerlei manieren duidelijk werd gemaakt: jij kan dit?

▼

Het vierde sleutelmoment is mijn afstudeeronderwerp, midden jaren negentig. Waar ik ook een scriptieonderzoek van een paar maanden ergens in Nederland in elkaar had kunnen timmeren, leerde ik Arabisch en stak mijn geld in een vol jaar Egypte.

Het was onvergetelijk, om zo lang te verkeren onder jonge mensen die hun identiteit niet rond consumptie en zelfontplooiing bouwen, maar rond vroomheid en de vraag hoe een goed mens te zijn. Het was ook zwaar en moeilijk, vrienden maken met mensen wier beeld van westerlingen uit de staatspropaganda en Amerikaanse series als *The Bold and the Beautiful* komt. Ik woonde in een arme buurt en probeerde op te gaan in het gewone leven.

En het was niet zonder risico. Ik was de enige westerling op een universiteit met honderdvijftigduizend studenten en kwam mensen bevragen naar hun politieke en religieuze opvattingen. In een dictatuur met tienduizend politieke gevangenen!

Ik heb het aangedurfd en volgehouden, en als ik het even on-Nederlands competitief bekijk, was dit mijn ontsnapping uit het peloton. In Cairo leerde ik vrijwel vloeiend Arabisch en na een jaar tussen straatarme studenten kon ik mij iets voorstellen bij het dagelijks leven in een berooide, Arabische dictatuur. Toen jaren later in september 2001 Al Qaida zijn aanslagen pleegde, de tweede Palestijnse opstand uitbrak en Amerika zich opmaakte voor de invasie van Irak, had ik zo de beste uitgangspositie van journalistiek Nederland. Ik won Het Gouden Pennetje voor nieuw journalistiek talent, en een nominatie voor de Nederlandse Dagbladprijs, de hoogste journalistieke onderscheiding.

Hoera voor Joris de avonturier? Ja, best. Alleen niet overdrijven. Onder mijn ooms, tantes, neven en nichten zit een zakenman, een advocaat, een ondernemer, twee politici en een ambassadeur. Als jongen zag ik hen voor zichzelf beginnen, of de politiek ingaan. Soms mislukte dit en dan zag ik ze weer opkrabbelen. Of het lukte, en ik zag hoe je met succes omgaat. Zo kon ik mij een beeld vormen van wat het inhoudt om een risico te nemen.

Een aantal familieleden reisde regelmatig voor werk naar het buitenland. Mijn neef de ambassadeur woonde er. Dit maakte Egypte minder exotisch of intimiderend dan wanneer mijn familie de wereld buiten het Westen alleen had gekend van vakanties – of zelfs dat niet, omdat die te duur of te ver weg voor ze waren.

Toch stond ik een paar keer op het punt de boel af te blazen. Was het werkelijk veilig in Cairo? Hoe gingen mensen op mij als westerling reageren? Hoe gevaarlijk was dat regime? Ook in de jaren negentig was de beeldvorming over Arabieren en moslims in de westerse media overwegend negatief tot zeer negatief. Ik maalde en tobde, tot ik op een feestje van een vriendin hoorde dat haar vader ambassadeur was geweest in Soedan, de zuiderbuur van Egypte. Ik verzamelde al mijn moed en sprak hem aan: 'Kent u toevallig mijn neef?' Daarop vertelde ik over mijn plannen, en binnen een halfuur had hij mijn twijfels weggenomen.

Was dit nou wat je noemt 'de juiste man op het juiste moment'? Ik denk van wel. Niet alleen had die ambassadeur kennis van zaken, ik voelde ook dat hij mij zag en snapte. Zo kon hij me de soort overtuigende aanmoediging geven die ik nodig had. Ik had wel gelezen dat gastvrijheid het hart vormt van de Egyptische cultuur en Cairo zo veilig is dat een moord de krant haalt. Maar ik moest het horen uit de mond van iemand die me vertrouwen inboezemde.

Was dit dan het geluk dat een mens soms moet hebben? Tja. Die vriendin en ik kwamen uit eenzelfde soort nest, hadden hetzelfde type middelbare school gedaan en leidden nu hetzelfde soort studentenleven. Hoe toevallig is het dat ik met haar klikte, en op haar feestje werd uitgenodigd? Alleen als het ook toeval is dat haar broer later leider werd van de PvdA, en vicepremier. Dat is Wouter Bos. 'Wat is de wereld toch klein!' roepen mensen zoals ik op zo'n moment graag uit.

Alleen is de wereld niet klein, en Nederland met zeventien miljoen inwoners is dat evenmin.

Een ambassadeur in je omgeving noemen sociologen sociaal kapitaal. Weten hoe je zo iemand charmant beleefd aanspreekt en het gesprek gaande houdt, heet cultureel kapitaal. Beide dank ik aan mijn nest. Dan beschikten mijn ouders ook nog over genoeg financieel kapitaal voor een maandelijkse studietoelage. Zo liep ik geen studieschuld op en kon ik met baantjes dat jaar in Egypte bij elkaar sparen.

Lef bracht me in Cairo. Maar net als bij dat jaar in Amerika zie ik ook een lanceerplatform, dankzij mijn ouderlijk huis.

▼

Zou in dat jaar Egypte genoeg materiaal zitten voor een boek? Terug in Nederland ging ik maanden en nog eens maanden zitten schrijven, zonder inkomen en met niet meer dan de hoop op publicatie. 'Weet jij wel hoe klein de kans is om gepubliceerd te worden?' vroegen mensen regelmatig en ik zag ze denken: wie denk jij eigenlijk wel dat je bent?

Goede vraag. Niet zozeer wie ik was, als wel wie ik dacht dat ik zou kunnen worden. Plannen maken en ambities 'formuleren' vergen zelfvertrouwen. Je hebt het over dúrven dromen. Dit is als kind zo wanneer je voor het eerst nadenkt wat je wil worden, en bij ieder nieuw plan, project of 'volgende stap'. In Engeland hebben ze het over je 'canvas'. Iedereen schildert zijn leven en sommigen kiezen daarbij een groter doek dan anderen. Ik pakte het grootste dat ik kon vinden, en sloot me op voor een boek. Hoera voor Joris die groot durft te denken?

Na afloop van een gezamenlijk optreden in Groningen vertelde generatiegenoot en regisseur Martin Koolhoven dat hij met zijn Cito-scores prima naar het gymnasium had gekund. Hij ging naar de lts, een voorloper van het vmbo. 'Geen idee precies meer waarom. Combinatie van luiheid, geen idee, en ouders die zeiden: "Als jij lts wil moet je dat doen, jongen."'

Koolhovens moeder werkte in de huishouding, zijn vader was eerst bouwvakker en later gevangenisbewaarder. 'Het was niet zo dat ik niet durfde te zeggen dat ik filmmaker wilde worden,' benadrukte hij. 'Het kwam niet in me op. Ik denk dat dit een belangrijk verschil is met mensen zoals jij: een minister was voor jou niet heel ver weg. Voor mij was timmerman, politieagent of automonteur het denkraam.'

Daar zat ik als jochie in mijn pyjamaatje met een spannend boek en dacht: als ik groot ben ga ik ook boeken schrijven. Honderd kilometer verderop zat op dat moment Koolhoven ook in zijn pyjamaatje, met een spannende film. Hij dacht: als ik groot ben ga ik nog veel films kijken.

Later heeft Koolhoven alsnog een stevig canvas gepakt en tot over de grenzen naam gemaakt met films als *Hongerwinter*, *Het schnitzelparadijs* en *Brimstone*. Had ik net als hij durven breken met de verwachtingen van mijn ouders, als die uit de arbeidersklasse waren gekomen?

Koolhoven en ik zijn allebei mannen. Hadden wij ook zo hoog durven mikken als we in een vrouwenlichaam hadden gezeten?

In mijn jeugd heb ik eindeloos meegeleefd met jongens en mannen die iets groots droomden, durfden en deden. In mijn lievelingsboek op de basisschool, *Koning van Katoren* van Jan Terlouw, voert hoofdpersoon Stach zeven opdrachten uit in zeven steden zodat de slechte ministers hem tot nieuwe koning moeten kronen. Stach is een man, net als de gestorven koning, alle ministers, alle journalisten en alle burgemeesters op eentje na – die heeft het ambt geërfd van haar overleden echtgenoot. Het verhaal telt één meisje, de mooie Kim. Zij smacht naar Stach.

Jip heeft nog Janneke en Suske Wiske, maar Alfred Jodocus Kwak, Pluk van de Petteflet, Donald Duck, Dik Trom, Pietje Bell, Pinkeltje, Kuifje, Lucky Luke en de Daltons, Asterix en Obelix, Sjakie op zijn wondersloffen, Arendsoog en Witte Veder, de gebroeders Leeuwenhart,

Tiuri in *Brief voor de koning*, Remi en Vitalis in *Alleen op de wereld*, Bastiaan in *Het oneindige verhaal*, Dolf in *Kruistocht in spijkerbroek*, Michiel in *Oorlogswinter*, de Grote Vriendelijke Reus, Daantje de Wereldkampioen en Sjakie in zijn chocoladefabriek, Frodo, Sam, Gandalf en Sauron in *The Lord of the Rings*: allemaal jongens of mannen (en twee mannelijke eenden) met wie ik als jonge lezer eindeloos kon meeleven. Misschien is het toeval, maar Pippi Langkous vond ik saai en vergezocht.

Bij Nederlandse literatuur op het gymnasium waren 'de Grote Drie' alle drie mannen. Hun boeken gingen bijna altijd over mannen en de recensenten en professoren die dit analyseerden waren ook bijna altijd mannen. De geschiedenisles draaide vrijwel alleen om de daden van mannen, zoals opgetekend door mannelijke historici. We leerden dat Kafka, Marx en Freud zo bijzonder waren dat ze hun eigen woord hadden gekregen. De enige vrouw die deze eer te beurt viel was de Britse koningin Victoria, die haar troon erfde en niet zelf bevocht.

Op de universiteit moet ik Simone de Beauvoir lezen, over de positie van vrouwen. Hannah Arendt, over de positie van Joden. Martin Luther King, over de positie van zwarten. Gerard Reve, over de positie van homoseksuelen. Nooit lazen we een witte heteroman om meer te weten te komen over 'de positie van witte heteromannen'.

God is een man, net als ieder van Zijn profeten – of ze nu joods zijn, christelijk of islamitisch. Bij kaarten komt de heer boven de vrouw en bij schaken is de koning belangrijker dan de koningin. Met de zogeheten 'bechdeltest', genoemd naar de Amerikaanse striptekenaar Alison Bechdel, houden kijkers bij of een film of serie minstens één scène bevat met twee bij naam genoemde vrouwelijke personages die met elkaar praten over iets anders dan een man. Bijna alle films en series waarvan ik in mijn vormende jaren heb genoten zakken voor deze test, inclusief die van mijn lievelingsregisseurs Woody Allen en Stanley Kubrick.

Hielp deze lawine van mannen op het scherm, in de media en het onderwijs me een groter canvas kiezen? Onderwijs, kunst en amusement geven een beeld *van* de wereld ('zo zit-ie kennelijk in elkaar'), en impliciet ook *voor* die wereld ('zo hoort-ie in elkaar te zitten').

Als student in Egypte zat ik in de bioscoop weleens aan de andere kant van de streep. In de meeste Egyptische films spelen mensen met mijn huidskleur hooguit een negatieve rol. Vrouwen zijn hoerig, nuffig of warrig; mannen laf of juist agressief en anders leugenachtig, ongedisciplineerd, verwend, stupide, gemeen of aan de drank... Dan zat ik in het donker met om me heen honderden Egyptenaren die keihard moesten lachen om een grap die voortborduurde op deze clichébeelden – inclusief mijn studievrienden. Bij actiefilms zag ik de stoere held almaar nieuwe ladingen witte kruisridders omver hakken, tot merkbare opluchting in de zaal: het goede moet overwinnen en in zulke films zijn dat niet de mensen die eruitzien zoals ik.

Omdat ik door de jaren veel heb geschreven over beeldvorming over Arabieren en moslims, raak ik geregeld in gesprek met jonge landgenoten van wie de ouders of grootouders uit de Arabisch-islamitische wereld komen. Soms klikken we, vertellen ze meer en meer over hun leven, en denk ik: schrijf dit op. Jij houdt net zoveel van nadenken als ik, en met zo'n jeugd zit je op een schrijversgoudmijn aan materiaal. Dan vragen ze: denk je dat iemand daarover wil lezen?

Stuk voor stuk zijn ze ondergeadviseerd, en hun hele leven al wordt er gesneerd over de 'achterlijke cultuur' van hun ouders en familie. Op school verduurden ze 'grapjes' over terrorisme van klasgenoten en misschien zelfs leraren, en opmerkingen over 'k-Marokkanen' – ook al kwamen hun ouders of grootouders uit Egypte of Irak. Bij het voetballen horen ze supporters van de tegenpartij 'minder minder' roepen, en de partij die Nederlandse burgers zoals zij het liefst zou deporteren, eindigt bij verkiezingen als tweede of derde, met een miljoen voorkeursstemmen voor leider Geert Wilders. Die wordt door de publieke omroep behandeld als een politicus zoals alle anderen.

In zijn boek *Mijn ontelbare identiteiten* beschrijft de antropoloog Sinan Çankaya het effect op hem van de moslimhaat in Nederland: een permanente tweestrijd tussen 'wortelen en vluchten'. Ik ben juist veilig geworteld in Nederland – laat staan dat ik ooit moest vrezen voor de soort sabotage vanuit mijn eigen familie die Mano Bouzamour overkwam. Hij is een van de jonge schrijvers met wie ik klikte. Bouzamour bleef op het kakkineuze

Hervormd Lyceum in Amsterdam-Zuid een klas zitten zonder dat zijn in Marokko geboren ouders het doorhadden. Ze konden zijn rapporten en de brieven van school niet lezen. Het boek waarin hij dit beschrijft kunnen ze evenmin lezen, wat hen er niet van weerhield hem na de verschijning ervan op tweeëntwintigjarige leeftijd het huis uit te zetten. Zoonlief zou schande over de familie hebben gebracht. Bouzamour wist het bij te leggen, maar leeft nog altijd met bedreigingen. Schrijfster Lale Gül trof recent eenzelfde lot na haar debuut met de alleszeggende titel: *Ik ga leven*.

Toen ik in mijn oude studentenkamertje aan mijn debuut zat te werken, had ik de zekerheid dat de scepsis bij mijn ouders, dierbaren en studiegenoten direct zou omslaan in apetrots, mocht ik als schrijver doorbreken. Hun eigen sociale kapitaal zou ook stijgen, met een heuse auteur in de familie of vriendenkring.

Maar zou het me lukken? Je moet wel gepubliceerd worden, met je grote canvas.

▼

Drie uitgevers had ik het manuscript over mijn belevenissen in Egypte gestuurd. Je moet dan maanden wachten, en nog zie ik mezelf iedere ochtend na het klepperen van de brievenbus de trap afdalen.

Het werd drie keer 'nee' en dat waren klappen, stuk

voor stuk. Maar ik had nog spaargeld om het een extra paar maanden uit te zingen, en stapte naar mijn hoogleraar Arabisch recht Ruud Peters. Die schakelde zijn netwerk in en vond een vriendin bereid het manuscript te lezen, gratis en voor niets. Dit was de bekende reisschrijfster Lieve Joris. Zij had gouden tips en net voordat mijn spaargeld op was, had ik een nieuwe versie. Hierop legde Lieve Joris uit dat uitgevers iedere dag zoveel manuscripten ontvangen dat ze onmogelijk alles zorgvuldig kunnen lezen. Wat ik nodig had was een introductie: iemand die me persoonlijk aanraadde bij een uitgever. Sociaal kapitaal met andere woorden. Hoe kwam ik daaraan?

Antwoord: ik beschikte er al over, dankzij cruciaal advies ooit van gestudeerde familieleden.

Omdat ze er zelf hadden rondgelopen kenden mijn ouders, ooms, tantes, neven en nichten het grote geheim van de universiteit: bij de meeste banen waarvoor je universiteit moet hebben gedaan, gebruik je niet of nauwelijks wat je daar hebt geleerd. Ga niet eenzaam op je kamertje zitten blokken, bezwoeren familieleden. 'Word actief' naast je studie en ga congressen of activiteiten organiseren, of desnoods bestuursfuncties 'bekleden' bij een studie-, gezelligheids- of studentensportvereniging. Zeker bij massastudies gaat het niet zozeer om *wat*, maar vooral om *wie* je na afloop kent.

Zo gezegd zo gedaan. Het corps leek me verschrikkelijk en zo kwam ik bij de linkse Amsterdamse studentenbeweging ASVA. Die was ook verschrikkelijk, maar er liepen – net als bij het corps overigens – leuke mensen rond. Zoals de in 2020 overleden Erik van Bruggen. Bij de ASVA was ik na een jaar weg, maar met Van Bruggen hield ik contact. Met alle plezier wilde hij mijn manuscript voorleggen aan een uitgever die hij net had leren kennen via zijn spiksplinternieuwe campagnebureau – het later zo succesvolle BKB. Die uitgever nam het en ik had mijn '*break*'.

Tjakka! Nu kan ik zeggen: die uitgever vond het gewoon een steengoed boek, waarom ben ik niet gewoon een keer trots op mezelf?

Dit ben ik ook wel, want een boek schrijven dat mensen willen lezen is echt niet makkelijk. Maar zonder Van Bruggen had mijn uitgever dat hele manuscript nooit gezien. Van Bruggen had ik nooit ontmoet als ik tijdens mijn studie thuis was blijven wonen om geld uit te sparen, of wanneer ik niet had geweten hoe waardevol activiteiten naast je studie zijn. Als meisje van conservatief religieuze huize had ik van mijn ouders waarschijnlijk überhaupt niet op kamers gemogen, of zelfs niet mogen studeren.

En hoezo 'stapte' ik even naar mijn professor Peters voor hulp? Zo iemand is een autoriteitsfiguur. Maar ik was daar al aan gewend, met mijn neef de ambassadeur, een tante in de gemeenteraad van Amsterdam en later de Eerste Kamer, en een andere oom die staatssecretaris was, burgemeester van Utrecht en ten slotte commissaris van de Koningin in Groningen. Dan gaf hij een feestelijke receptie waar wij als neefjes en nichtjes mochten rondrennen. Stond hij daar in zo'n deftig pak met een ambtsketting om zijn nek, omgeven door grote mensen die net te gretig lachten om zijn grappen.

Wij zagen op zo'n moment niet de 'hoge heer' Henk Vonhoff van de VVD. Wij zagen oom Henk. Daar gingen we weleens mee joggen in het bos, en een ijsje eten. Soms wel twee. Een andere oom maakte soms subtiele grapjes ten koste van oom Henk. Mijn vader moest daar dan om grinniken.

Het woord 'elite' viel bij ons thuis niet, en mijn familie dacht en sprak over wetenschappers, politici en ambtenaren als mensen die probeerden het land te laten functioneren, 'zo goed en zo kwaad als dat gaat'. Je kon ervoor kiezen daaraan bij te dragen, zoals oom Henk. Je kon ook iets anders gaan doen. De vraag was niet, of in ieder geval niet alleen: kan ik dat? De vraag was vooral: wil ik dat? Als oom Henk het tot burgemeester en commissaris had gebracht, dan kon dat ook weer niet al te moeilijk zijn. Toch?

▾

Vaak wordt gezegd dat poorten 'opengaan' of 'dicht blijven'. Maar als ik deze sleutelmomenten in mijn leven overzie, zie ik vooral mensen die mij het pad naar de poort wijzen of meehelpen afleggen, die me leren kiezen tussen poorten en me adviseren op wat voor manier en op welk moment ik het best aan kan kloppen. Vervolgens zie ik een zeer select gezelschap van personen die daadwerkelijk een bepaalde poort voor mij opendoen. De uitgever van mijn debuut bijvoorbeeld, en de hoofdredacteur van *de Volkskrant* die me vanwege dat boek vroeg als Midden-Oostencorrespondent. Op mijn zesentwintigste. Andere correspondenten waren minstens veertig.

Op die leeftijd deze post bij zo'n belangrijke krant heeft me onnoemelijk veel gebracht. Een aantal van de beste mensen in de journalistiek leerden me het vak, en er was geld om de regio te bereizen alwaar Nederlandse ambassades me zouden helpen met visa en contacten. Ik was niet langer een studentje, ik was van *de Volkskrant*. Bij de welkomstlunch van de pers- en cultureel attaché in Cairo werd ik voorgesteld aan een Amerikaans-Britse collega die een van mijn beste vrienden is geworden. Zo kan het lopen.

Nu ik het vertrouwen had gekregen van *de Volkskrant*, volgde de NOS. Ik had nog nooit iets op radio of tv gedaan en er werd meteen flink in mijn presentatievaardigheden geïnvesteerd – afgaand op de beelden van mijn eerste uitzendingen was dat broodnodig ook. Zo leerde ik hoe radio en tv 'werkt' en mede daardoor zou ik jaren later in beeld komen als presentator van het programma *VPRO Zomergasten*, en weer later van het eerbiedwaardige radioprogramma *Met 't Oog op Morgen*. Zichtbaarheid in de media stuwde de boekverkoop op. Daardoor durfden uitgevers in andere landen het aan en kon ik jaren later *Guardian*-hoofdredacteur Rusbridger bij onze kennismaking een Engelse vertaling in de hand drukken.

Een waar sleutelmoment, deze baan bij *de Volkskrant*. Hoezo kreeg juist ik deze kans? Op grond van dat ene autobiografische boek over Egypte en mijn werk bij studentenbladen viel niet te beoordelen of ik een goede journalist was. Hooguit kon de toenmalige hoofdredacteur Pieter Broertjes dat vermoeden. Dit ging niet over 'kwaliteit' maar over 'potentieel', en Broertjes nam een risico door zo'n snotneus aan te nemen. Hoera voor hem.

Nu ben ik de zoon van Arabische migranten. Ik heb dezelfde studie gedaan en ondanks mijn veel beperktere culturele en sociale kapitaal ook een boek gepubliceerd gekregen. Mijn Nederlands is misschien net iets minder goed, maar mijn Arabisch honderd keer beter dan Joris Luyendijk ooit zal leren. Ook heb ik al ervaring in de regio, en via familie en vrienden tal van contacten.

Maar kan ik net als de autochtone Joris naturel oogcontact maken met anderen? Kan ik ontspannen omgaan met autoriteitsfiguren zoals een hoofdredacteur? Voelt Broertjes zich nog bij mij op zijn gemak? Kan hij mij even goed inschatten en heeft hij er nog steeds vertrouwen in dat ik zal kunnen samenwerken met de collega's op de buitenlandredactie? Dat zijn net als Broertjes autochtonen die juist klikken door elkaars blik op cruciale momenten te zoeken.

Hoe voelt het risico nu, dat Broertjes overweegt met mij te gaan nemen?

En we hadden behalve onze cultuur nog meer gemeen, weet ik inmiddels. Broertjes is een generaalszoon die daarmee opgroeide in dezelfde sociale klasse als ik. Hij is net als ik een man, en hetero. Hielp dat, kerels onder elkaar? Ik weet nog dat Broertjes me rondlopend op de redactie waarschuwde dat keihard werken de norm was. 'Tikken, kreng, noemen we dat hier,' zei hij, en ik grinnikte om zijn variant op 'Slikken, kreng'.

Dan had Broertjes ook nog gymnasium gedaan, en universiteit.

In de city zeggen ze: 'Eén keer is een incident, twee keer toeval en drie keer een patroon.' Ik ging ze mailen, en wat blijkt: professor Arabisch recht Ruud Peters komt net als mijn eerste uitgever Joost Nijsen uit een eenvoudig milieu, maar verder zijn ze man, wit, hetero, autochtoon en afgestudeerd aan de universiteit. Erik van Bruggen: man, wit, hetero en autochtoon, afgestudeerd aan de universiteit en ook nog uit een hoogopgeleid nest. Folkert Jensma die me binnenhaalde bij *NRC*: zelfde rijtje. Eindredacteur Peter van Ingen van *Zomergasten*: zelfde rijtje. Hoofdredacteur Karel Verhoeven die mij in 2017 als Nederlander ombudsman maakte van zijn Vlaamse krant *De Standaard*: zelfde rijtje.

'Als je gymnasium vervangt voor privéschool, heb ik al die kenmerken,' zei ook Alan Rusbridger toen ik hem opzocht in Oxford waar hij op dat moment als decaan van Lady Margaret Hall College een voortrekkersrol had bij de strijd tegen kansenongelijkheid. 'Of dat een rol speelde... Je was heel optimistisch en ik had een regel dat ik alleen optimisten aannam.'

▼

Nadat een poort is opengegaan of -gedaan, moet je het natuurlijk nog wel 'waarmaken'. Bij *de Volkskrant* begon dit moeizaam. Normaal helpt je voorganger je met contacten, dossiers, tips en aanmoediging in het zadel. Maar de mijne weigerde iedere hulp. Daar zat ik als piepjonge journalist met een volle koffer en een leeg adresboekje.

Ik was boos en teleurgesteld, maar dat mijn voorganger me niet zou moeten om mijn geslacht, uiterlijk of achtergrond heb ik geen moment overwogen. Later begreep ik dat hij met *de Volkskrant* een arbeidsconflict had.

Bij mijn eerste 'correspondenten-terugkomdagen' verzuchtte laat op de avond eerst de ene prominente collega dat ik 'echt te jong' was en liep hoofdschuddend door. 'Je doet het leuk, hoor,' zei een tweede collega, 'maar als ik wil maak ik jou kapot.' Ik wist niet wat ik hoorde; vandaar dat ik het me een kwart eeuw later scherp herinner.

Toen werd hetzelfde artikel van mij in één week twee dagen achter elkaar in de krant gezet. De maand daarop gebeurde dit nog eens. Lezers merkten dat en bij het intern onderzoek hoorde de ombudsman iedereen behalve mij. Drie keer raden wie de schuld kreeg.

Deze incidenten vond ik erg naar en ondermijnend. Maar ze kwamen niet boven op eerdere ervaringen met discriminatie, of het vermoeden hiervan.

Later schreef ik over dit correspondentschap een zeer kritisch boek en kreeg ik van collega's heel wat over me heen. Hetzelfde na een nog kritischer boek over de Haagse journalistiek, en opnieuw toen ik het programma *Zomergasten* presenteerde – logisch ook wel, ik had nul ervaring met interviewen op tv.

Maar geen boze collega, columnist of tv-recensent schreef ooit minachtend dat ik ergens enkel vanwege mijn geslacht, huidskleur of achtergrond was gekomen. Ik heb nooit één haatdragende verwensing naar mijn hoofd gekregen, niet op straat, niet op mijn telefoon en niet via de post. Laat staan bedreigingen. Wat een verschil met presentatrices, en helemaal die van kleur. Als zij na een uitzending hun telefoon aanzetten, staat die iedere keer vol dreigementen en scheldpartijen door onbekenden. Had zulke agressie mijn vertrouwen in de wereld geschaad, en daarmee mijn durf?

Na *Zomergasten* had ik op mijn canvas het liefst een beurs geschilderd bij de Nieman Foundation voor journalistiek aan de universiteit van Harvard in Amerika. Twee keer waagde ik een poging, twee keer namen ze me niet. Dat was net zo'n grote teleurstelling als toen drie uitgeverijen mijn debuut over Egypte afwezen. Ik had zoveel gedaan voor deze aanvraag.

Maar goed. Niks aan te doen. Toch? Discriminatie kon het niet zijn, kennelijk bracht ik nog te weinig. Anders hadden ze me wel genomen. Uithuilen en afkloppen dus, en met frisse moed nieuwe risico's nemen zodat er weer kansen ontstaan. Vol energie stortte ik me op een experiment met radicale journalistieke vernieuwing, en zie: twee jaar later haalt *The Guardian* me naar Londen. Fluitend vulde ik de verhuisdozen. Wat kon er nu nog misgaan?

II

De zeven vinkjes

Ik weet niet of mij met een ander lichaam of nest hetzelfde was gelukt in mijn leven, omdat ik dat niet kán weten. Anders dan bij een computersimulatie krijg je als mens slechts één jeugd, met één bepaald lichaam en nest.

Wat ik terugkijkend nu wel kan weten, is dat ik bij het formuleren en verwezenlijken van mijn dromen eigenlijk altijd alles mee heb gehad en niks tegen. Ik ben nooit werkelijk op de proef gesteld. Als uitwisselingsstudent in de Verenigde Staten was ik een jaar lang 'anders' dan de rest, maar mijn cijfers telden niet mee voor mijn studie in Nederland. Er stond niks op het spel. In Egypte voelde ik me volstrekt 'anders', maar deze vervreemding kwam ik juist onderzoeken en ik wist dat een professor aan de mij vertrouwde Universiteit van Amsterdam dat onderzoek zou beoordelen. Als correspondent in het Midden-Oosten week ik vijf jaar lang sterk af van de mensen om mij heen. Maar mijn opdrachtgevers zaten in Nederland, en hun codes en omgangsvormen waren de mijne.

Pas bij *The Guardian* speelde ik voor het eerst in mijn leven echt een uitwedstrijd. En die verloor ik meteen met grote cijfers. Terwijl zelfs dit avontuur in Londen een soort bungeejump was geweest: ik wist dat ik nooit te pletter zou slaan, want ik kon mezelf altijd terug zwiepen naar het land waarin ik weer zou opgaan als een vis in water.

Stel dat ik arbeiderskind of boerenzoon was geweest en net als sommige collega's bij *The Guardian* al eens de weg had afgelegd naar de hoogopgeleide middenklasse. Of dat ik als kind van migranten al een keer een andere taal, omgangsvormen en cultureel archief had moeten leren. Had Olga Luyendijk het bij *The Guardian* wel gered, omdat ze in Nederland als vrouw al had moeten leren knokken om haar plekje? Stel dat ik van kleur was geweest, of lhbti.* Had ik dan in Nederland al wat krassen en eelt op mijn ziel gekregen, en wel het nodige incasserings- en aanpassingsvermogen ontwikkeld?

Ik weet nog dat ik bij *The Guardian* doorkreeg dat iemand weleens mijn Nederlandse 'sh' ('*my name ish Jorish*') nadeed. Wat hakte dat erin, want ik voelde me daar al zo kwetsbaar.

Of die keer dat mij in Engeland werd toegebeten: 'Jij bent een Europeaan, toch? Ach ja, *Yurup*... Of ze laten zich daar door Hitler onder de voet lopen, of ze collaboreren met hem. Moeten wij de boel weer komen opruimen. Haha.'

Dagen had ik in mijn hoofd lopen zoeken naar dat ene

* Verzamelterm voor homoseksuele, biseksuele, transgender en interseksuele personen.

antwoord waarmee ik deze persoon de mond had kunnen snoeren. Dit was ik niet gewend: zomaar in de hoek worden gezet op basis van een groep waartoe ik werd gerekend.

Maar waar had ik eerder wat weerbaarheid kunnen opdoen, in Nederland? Probeer mij maar eens te discrimineren, als witte heteroman met in Nederland geboren, hoogopgeleide ouders die in hun koophuis mijn hele jeugd ABN met mij spraken. Hoe maakt een Nederlandse tekenaar ten koste van zo iemand een spotprent? Niet met een haakneus en een zak geld, niet met dikke rode lippen en een ring door mijn neus, niet met een bezemsteel onder mijn kont en een zwarte puntmuts op mijn hoofd, niet met een mohammedbaard en een bomgordel om mijn buik.

▼

Zo had ik mezelf nog nooit bekeken: als iemand die in eigen land steeds bij de dominante groep zit, en die daarom niet kan weten hoe het voelt om afhankelijk te zijn van mensen die anders doen, denken of eruitzien dan hijzelf. Wat een merkwaardige en interessante categorie mensen: zij die in principe geen ervaring kunnen hebben met kwetsbaarheid op grond van hun sociale klasse, cultuur, geslacht, huidskleur of seksuele identiteit...

En dan is er de factor opleiding. Als ik kijk hoe alles in

mijn jeugd klaarstond om mij aan het hoogst mogelijke diploma te helpen, ben ik ook in het onderwijssysteem nooit werkelijk op de proef gesteld. En we noemen het geen discriminatie, maar in de publieke opinie kan met intense minachting worden gesproken over laagopgeleiden. Het waardeoordeel zit al in de tegenstelling 'laag-' versus 'hoogopgeleid', en in termen als 'opleidings-*niveau*' en 'hbo/universitair denk-*niveau*'. Ik zou mij dankzij mijn diploma 'master' mogen noemen.

Hoeveel van dit soort Nederlanders zijn er, die niet kunnen weten hoe het is om gediscrimineerd of achtergesteld te worden om hun lichaam, die zich dankzij hun nest nooit hoeven aanpassen, en die zich ook nog kunnen verschuilen achter hun prestigieuze opleidingstype? Met hoeveel zijn zij? Of eerlijker, gezien mijn diploma's aan de muur: met hoeveel zijn wíj?

Dit is erg moeilijk exact uit te rekenen, omdat het gemiddeld behaalde opleidingstype door de decennia heen sterk verandert, en sociale klasse moeilijk precies is te definiëren. Als vader noch moeder heeft doorgeleerd maar eentje heeft geld geërfd of is succesvol ondernemer, directeur, gemeenteraadslid, wethouder, dominee of journalist, dan krijgen de kinderen nog steeds een vracht sociaal, cultureel of financieel kapitaal mee en zullen zij in hun opleiding niet werkelijk op de proef worden gesteld. Toch is een grove schatting van het aantal mannen zoals ik goed te doen: je begint met opleidingstype en voegt daar telkens een kenmerk aan toe.

Op dit moment heeft van de beroepsbevolking tussen de 25 en 64 jaar 16 procent een universitair diploma. Vroeger studeerden er veel meer mannen dan vrouwen, tegenwoordig studeren er veel meer vrouwen dan mannen áf. We middelen en stellen vast dat zo'n 8 procent van de beroepsbevolking van negen miljoen bestaat uit mannen met universiteit. Dat zijn zo'n 700.000 personen.

Die drijf je op een groot veld bijeen, en dan vraag je iedereen te gaan zitten die van kleur is, of die twee in het buitenland geboren ouders heeft. Daar gaan de witte mannen met twee ouders uit bijvoorbeeld Polen, Duitsland of Vlaanderen, en daar gaan Humberto Tan van RTL4, de advocaat Gerard Spong, de minister voor Rechtsbescherming Franc Weerwind, en de gymnasiasten Ali Niknam van bunq bank, Tunahan Kuzu van Denk en Rochdi Darrazi van het scheersmesjesbedrijf Boldking.

Van de overgebleven witte mannen met universiteit en minstens één in Nederland geboren vader of moeder, verzoek je dan alle lhbti te gaan zitten. Daar gaan veteraan informateur Herman Tjeenk Willink, columnist en P.C. Hooftwinnaar Bas Heijne en de oud-ministers van Financiën Jan Kees de Jager en Joop Wijn.

Daarna is het de beurt aan iedereen die via de havo of een buitenlandse middelbare school op de universiteit is gekomen. Daar gaan koning Willem-Alexander, de vorige rijksbouwmeester Floris Alkemade en Laurens Dassen van de nieuwe pro-Europese partij Volt. Ten slotte vraag je van de resterende witte heteromannen met minstens één in Nederland geboren ouder en diploma's van het vwo of gymnasium en de universiteit aan de muur, of allen willen gaan zitten die zijn opgegroeid in een gezin met weinig geld, status of opleiding. Van mijn generatie zijn dit er heel wat, want in 1970 had minder dan één op de vijf Nederlanders een hoge opleiding. Daar gaan de hoogste baas van Shell Ben van Beurden, de ministers voor onderwijs Robbert Dijkgraaf en Dennis Wiersma, *NOS Journaal*-'anker' Rob Trip en de vorige hoofdredacteur van *De Telegraaf*, Sjuul Paradijs.

Hoeveel van de 700.000 Nederlandse mannen met universiteit met wie je begon, staan op dat veld nu nog overeind?* Boven de half miljoen zul je zeker niet komen, waarschijnlijk zijn het er nog minder.

Een half miljoen op dik 17 miljoen Nederlanders is ruim minder dan één op de dertig.

▼

Hoeveel posities boven in de elite van Nederland worden bezet door deze 3 procent mannen met qua nest en lichaam heel veel mee en heel weinig tegen?

* Hierbij moeten nog de enkele tienduizenden mannen met mijn nest, lichaam en opleiding tussen de 21 en 24 jaar worden opgeteld, plus de mannen zoals ik boven de 65 – toen nog nauwelijks iemand studeerde.

De VVD heeft sinds de oprichting in 1948 twaalf partijleiders gehad. Negen van hen zijn mannen zoals ik, twee anderen waren dit geweest als ze hun studie hadden afgemaakt.*

Het CDA heeft sinds de oprichting in 1980 tien partijleiders gehad. Acht van hen zijn mannen zoals ik.**

D66 heeft sinds de oprichting in 1966 negen partijleiders gehad. Zes van hen zijn mannen zoals ik.***

De PvdA ten slotte had sinds de oprichting in 1946 elf partijleiders. Vier van hen zijn mannen zoals ik.****

* Mark Rutte, Frits Bolkestein, Joris Voorhoeve, Ed Nijpels, Hans Wiegel, Molly Geertsema, Edzo Toxopeus en Pieter Oud – Hans Dijkstal en Jozias van Aartsen studeerden nooit af. Gerrit Zalm is de enige VVD-partijleider ooit uit een bescheiden milieu.

** Wopke Hoekstra, Sybrand Buma, Maxime Verhagen, Jan Peter Balkenende, Jaap de Hoop Scheffer, Elco Brinkman, Ruud Lubbers en Dries van Agt – domineeszoon Hugo de Jonge heeft mijn nest en lichaam maar deed havo en hbo. Boerenzoon Enneüs Heerma is de enige CDA-partijleider ooit uit een bescheiden milieu.

*** Alexander Pechtold, Thom de Graaf, Maarten Engwirda, Laurens Jan Brinkhorst, Jan Terlouw en oprichter en bankierszoon Hans van Mierlo – Els Borst en Sigrid Kaag delen mijn huidskleur, seksuele identiteit, nest en opleiding. De witte hoogleraarszoon Boris Dittrich is homoseksueel. Hij heeft een Tsjechische vader en een Nederlandse moeder.

**** Diederik Samsom, Wouter Bos, Joop den Uyl en Anne Vondeling. Job Cohen en Lodewijk Asscher hebben al mijn kenmerken maar zijn ook Joods of half-Joods. Willem ('vadertje') Drees had geen universiteit en was de zoon van een bankbediende, Jaap Burger had gymnasium en universiteit, maar zijn vader was steenkolenhandelaar. Wim Kok, Ad Melkert en Lilianne Ploumen hadden respectievelijk een timmerman, een kapper en een melkboer als vader.

Deze vier partijen leverden in de afgelopen decennia de politiek leiders van Nederland, vandaar dat vijf van de laatste zes premiers mannen zijn zoals ik: Mark Rutte, Jan Peter Balkenende, Ruud Lubbers, Dries van Agt en Joop den Uyl.

De meest invloedrijke politiek leiders buiten deze vier vaste coalitiepartijen verschillen juist sterk van mij. Pim Fortuyn was homoseksueel en zijn vader werkte als vertegenwoordiger in enveloppen en papier. Jan Marijnissen van de Socialistische Partij komt uit een arm milieu en maakte zijn middelbareschoolopleiding nooit af. PVV-leider Geert Wilders heeft Indische wortels en enkel havo.

Thierry Baudet en Paul Cliteur van het extreemrechtse Forum voor Democratie hebben hetzelfde lichaam, nest en opleidingstype als de top van het 'partijkartel' dat ze zeggen te willen ontmantelen. Maar Jesse Klaver van GroenLinks is een half-Marokkaanse, half-Indische heteroman uit een eenvoudig milieu zonder gymnasium, vwo of universiteit. De medeoprichter en partijleider van Denk, Farid Azarkan, kwam op zijn achtste naar Nederland en groeide op in een straatarm Marokkaans gezin. Hij haalde de universiteit, maar via de havo en het hbo. Esther Ouwehand van de Partij voor de Dieren is een arbeidersdochter, zonder diploma van de universiteit. De oprichter van BIJ1 Sylvana Simons en de medeoprichter van JA21, Annabel Nanninga zijn vrouwen met Surinaamse respectievelijk Indische wortels, zonder vwo, gymnasium of universiteit.

▼

Hoe meer je lijkt op Joris Luyendijk, hoe groter de kans op een plek in het hart van de macht. Hoe minder je lijkt op Joris Luyendijk, hoe groter de kans op een plek in de marge. Dit is geen wet, want er zijn genoeg uitzonderingen. Het is wel een wetmatigheid, in de politiek, maar niet alleen daar.

De Nederlandse overheid kent vijf belangrijke zogeheten 'Hoge Colleges van Staat'. Vier hiervan worden geleid door een man zoals ik: de Raad van State, de Eerste Kamer, de Algemene Rekenkamer en de Nationale ombudsman.*

Sinds 2006 stelt *de Volkskrant* met netwerkanalyses en gerichte interviews een top 200 samen van meest invloedrijke personen van Nederland. Negen van de afgelopen vijftien jaargangen eindigde een man zoals ik op nummer één.**

* Thom de Graaf, Jan Anthonie Bruijn, Arno Visser en Reinier van Zutphen. Het vijfde college is de Tweede Kamer.

** Elco Brinkman, daarna drie jaar Alexander Rinnooy Kan, vier jaar Bernard Wientjes van de werkgeverslobby VNO-NCW en in 2018 Feike Sijbesma van multinational DSM. Tussen 2014 en 2017 was Hans Wijers, destijds CEO van multinational AkzoNobel, de nummer één. Hij komt uit een eenvoudig milieu. In 2019 voerde de homoseksuele bouwvakkerszoon Kim Putters van het Sociaal en Cultureel Planbureau de lijst aan, net als in 2020 – toen de plekken twee, drie en vier wel weer werden bezet door een man zoals ik: Jaap van Dissel, Feike Sijbesma en Jeroen Dijsselbloem. In 2021 is de lijst niet verschenen.

Het hart van ons poldermodel is de Sociaal-Economische Raad. Drie van de afgelopen vijf voorzitters waren mannen zoals ik.* De algemeen directeur van de werkgeverslobby VNO-NCW, de laatste twee presidenten van De Nederlandsche Bank, de deken van de Nederlandse Orde van Advocaten en zijn voorganger, de voorzitter van de Vereniging Nederlandse Gemeenten, de voorzitter van het Fonds Slachtofferhulp, de deltacommissaris, de directeur van Beeld en Geluid, de algemeen directeur van de Vereniging Natuurmonumenten, de directeur van het Stedelijk en het Rijksmuseum en de voorzitter van de Koninklijke Bond van Oranjeverenigingen, tevens burgemeester van Gouda... Al deze heren** hebben eenzelfde lichaam, nest en opleiding als ik.

Bij Heineken, Ahold Delhaize, Philips, Rabobank, KPN, Nationale Nederlanden en Galapagos tref je aan het roer een man zoals ik.*** Waarschijnlijk zijn er nog meer, maar net als de top van de ambtenarij wilde lang niet iedere CEO meewerken aan dit onderzoek, en sommigen houden in interviews de lippen stijf op elkaar over hun ouders.

* Wiebe Draijer, Alexander Rinnooy Kan en Klaas de Vries – Herman Wijffels' vader was akkerbouwer.

** Cees Oudshoorn, Klaas Knot en Nout Wellink, Frans Knüppe en Johan Rijlaarsdam, Jan van Zanen, Pieter van Vollenhoven, Peter Glas, Eppo van Nispen tot Sevenaer, Pim van der Feltz, Rein Wolfs, Taco Dibbits en Pieter Verhoeve.

*** Dolf van den Brink, Frans Muller, Frans van Houten, Wiebe Draijer, Joost Farwerck, David Knibbe en Onno van de Stolpe.

En de journalistiek, die politiek, bedrijfsleven en maatschappelijk middenveld op de huid moet zitten? De publieke omroep had veel eerder en vaker dan de geschreven pers vrouwen in de top, en aangezien de school voor journalistiek een hbo-opleiding is, zie je minder hoofdredacteuren met universiteit. Hoe dan ook hangen radio en tv minder aan diploma's. De presentatoren Paul Witteman, Matthijs van Nieuwkerk, Beau van Erven Dorens en Charles Groenhuijsen maakten geen van allen de universiteit af. Jeroen Pauw deed zelfs helemaal geen vervolgopleiding ('tijdverlies').

Ook bij de geschreven pers was de 'gesjeesde' student zonder diploma ooit meer regel dan uitzondering. Tegenwoordig zijn *de Volkskrant*-hoofdredacteur en zijn twee voorgangers mannen zoals ik,* evenals de hoofdredacteur van *Vrij Nederland*.** De hoofdredacteuren van de platformen voor onderzoeksjournalistiek *Investico* en *Follow The Money* zijn mannen zoals ik, evenals de oprichter van Blendle, van *De Correspondent* en van het succesvolle podcastbedrijf Tonny Media.***

De belangrijke Nederlandse denker van de twintigste eeuw, Johan Huizinga: bingo. De bestverkochte non-fictieschrijver van de twintigste eeuw in Nederland, Geert Mak: bingo. De bestverkopende non-fictieschrijver van

* Pieter Klok, Philippe Remarque, Pieter Broertjes.

** Ward Wijndelts. Hoofdredacteuren Freek Staps van het ANP en Paul Jansen van *De Telegraaf* wilden niet meewerken.

*** Thomas Muntz, Eric Smit, Alexander Klöpping, Ernst-Jan Pfauth en Sander Schimmelpenninck.

de eenentwintigste eeuw in Nederland, Rutger Bregman: bingo. De meest invloedrijke journalist op rechts, Wierd Duk: bingo. De bekendste professor van Nederland, Maarten van Rossem: bingo. De scriptiebegeleider van koning Willem-Alexander, Henk Wesseling: bingo. De twee vaste 'duiders' van de Haagse politiek bij *OP1*, het vlaggenschip van de publieke omroep, Xander van der Wulp & Joost Vullings: bingo & bingo.

▼

Uiteraard zitten mannen zoals ik lang niet aan alle knoppen. Dankzij de emancipatie heb je in Nederland nu een tweede, net zo groot veld met daarop de 700.000 vrouwen met universiteit. De hoogste rechter van Nederland, Dineke de Groot bijvoorbeeld, en de voorzitter van de Sociaal-Economische Raad, Mariëtte Hamer. De voorzitter van de Tweede Kamer, Vera Bergkamp, en haar voorganger Khadija Arib. Petri Hofsté is al twee jaar achtereen verkozen tot 'machtigste commissaris' van het Nederlandse bedrijfsleven, en de aanvoerder van de bankenlobby heet Medy van der Laan.

Bovendien zijn zeker niet alle mannen op posities van macht, invloed of status mannen zoals ik. Maar in de samenleving als geheel heeft minder dan één op de dertig Nederlanders mijn lichaam, levensloop en toekomstperspectief, terwijl dat in de bovenste laag van de elite twee op drie is, of zelfs drie op vier of vijf op zes.

Toch bestaat er voor dit soort mannen geen naam. Vrouwen, lhbti, personen van kleur en migranten vormen twee derde van de bevolking. Zij heten 'minderheden'. Hoe worden wij genoemd? 'Representatief'? Dat zijn we nu juist niet. De 'onuitsluitbaren'? De 'ondiscrimineerbaren'? De 'ongekwetsten'? De 'onkwetsbaren'?

In mijn eigen land kan je mij niet discrimineren en heb ik bij mijn zelfontplooiing altijd heel veel mee en heel weinig tegen omdat ik, evenals alle eerder genoemde personen in politiek, openbaar bestuur, bedrijfsleven en journalistiek

- minstens één hoogopgeleide en/of welgestelde ouder heb die mij de weg in het onderwijssysteem kon wijzen
- minstens één in Nederland geboren ouder of verzorger heb die mij de cultuur van de meerderheid kon meegeven
- man ben
- hetero ben
- wit ben
- gymnasium of vwo heb afgerond
- universiteit heb gedaan.

Dit zijn 'de zeven vinkjes'.

De onzichtbare norm

Als schrijver word je regelmatig uitgenodigd om bij een bedrijf, stichting of overheidsinstelling te komen spreken. Meestal willen ze je horen over je boek, maar soms mag je het onderwerp zelf bepalen.

Ik greep mijn kans en schreef een lezing over de vraag waarom in Nederland mannen zoals Joris Luyendijk zo vaak ergens de baas spelen. Toeval kan dit niet zijn, daarvoor is onze oververtegenwoordiging met vijf van de laatste zes premiers en negen van de vijftien meest invloedrijke Nederlanders statistisch te groot. Zijn mannen zoals Joris Luyendijk misschien gewoon de besten, een superieure mensensoort dat vanzelf steeds weer bovenaan eindigt?

Het waarschijnlijk slechtst geleide Nederlandse bedrijf van de afgelopen decennia is het in 2008 omgevallen ABN AMRO. 'Allemaal wit, allemaal gymnasium gedaan, daarna aan de universiteit zonder uitzondering corpsbal geworden, ongeveer dezelfde leeftijd, een vergelijkbare carrière achter de rug, wonend in het Gooi op dezelfde vierkante kilometer. Die mannen leefden in een angstaanjagend kleine wereld.' Dat schrijft journalist Jeroen

Smit over de top van ABN AMRO in de jaren voor 2008. En de toezichthouder die destijds de financiële stabiliteit van Nederland moest bewaken, Nout Wellink? Ook weer een man zoals ik.

De 'toeslagenaffaire' is het grootste schandaal uit de recente Nederlandse politieke geschiedenis. Het vond plaats onder verantwoordelijkheid van premier Mark Rutte en de toenmalige minister van Financiën Wopke Hoekstra, onder wie de belastingdienst valt: allebei zeven vinkjes. De Raad van State bleek als belangrijkste juridisch adviescollege van de regering ernstig te hebben gefaald. De hoogste baas daar is Thom de Graaf, zijn voorganger Piet Hein Donner. Allebei zeven vinkjes. Vanwege zijn eerdere rol als minister van Sociale Zaken moest PvdA-leider Lodewijk Asscher opstappen. Hij is Joods en daarmee ongetwijfeld bekend met kwetsbaarheid en discriminatie, maar verder: alle vinkjes. Ook minister Eric Wiebes moest vertrekken: zeven vinkjes. Zijn opvolger Bas van 't Wout: zeven vinkjes.

Onfeilbaar zijn mannen zoals Joris Luyendijk allerminst. Danken wij onze machtsposities dan misschien aan een samenzwering? Dat wij elke derde donderdag van de maand onder leiding van überzeven-vinkje Mark Rutte de baantjes, prijzen, promoties en ministerschappen onder elkaar verdelen? Ik zou hiervan gehoord hebben, denk ik, zeven-vinkjes onder elkaar. Los daarvan: de journalist Jeroen Smit die in de bestseller *De prooi* alle ijdelheid en incompetentie bovenin bij ABN AMRO genadeloos blootlegde, is zelf een zeven-vinkje. Pieter

Omtzigt die samen met Renske Leijten vanuit de Tweede Kamer onvermoeibaar het toeslagenschandaal hielp blootleggen: zeven vinkjes. De vaste advocaat van Wilders, Geert-Jan Knoops: zeven vinkjes. Zou hij zijn studie rechten hebben afgemaakt, had ook Theo van Gogh zeven vinkjes gehad.

Maar als de vele machtsposities van zeven-vinkjes niet verklaarbaar zijn uit toeval, een complot of aangeboren superioriteit van mannen zoals Joris Luyendijk... Waaruit dan wel?

▼

Bij een 'open' onderzoek als dit heb je een doorbraak nodig, en dat was deze lezing. In de zaal zat iemand die zei: 'Kun je dit ook aan mijn collega's voorleggen?' Dat leidde tot een nieuwe uitnodiging en daarna bleven ze dankzij mond-tot-mondreclame komen. Zeker tachtig keer mocht ik opdraven en zo stond ik voor rechters en de politietop, bankiers, beleggers en de belastingdienst, toezichthouders, ondernemers, durfinvesteerders, bestuurders en directeuren, advocaten, accountants, communicatie- en duurzaamheidstypes, managementtypes en verandermanagementtypes, en bij musea, ministeries en gemeenten.

▼

Als het even kon, sprak ik ter voorbereiding met de opdrachtgever, en liever nog ging ik langs. Stel je op een ministerie of groot bedrijf een kantine voor met overal vredig lunchende medewerkers. Vrijwel iedereen is wit, op vier groepjes na waar juist bijna niemand wit is: het personeel achter het buffet, de schoonmakers, de bewaking en ten slotte aan één tafeltje ergens bij elkaar: de werknemers van kleur. Zij vormden de diversiteitscommissie, aangevuld met een paar witte vrouwen. Er viel in zulke commissies geen zeven-vinkje te bekennen.

Veel inzichten en voorbeelden in dit boek dank ik aan de gesprekken met deze leden van diversiteitscommissies. Soms bij de voorbereiding, of anders als we nog eens apart afspraken voor een rustig en discreet vervolg.

Iemand met twee in het buitenland geboren ouders vertelde hoe ze met avonden YouTube kijken de gaten in haar kennis van het Nederlands pop-cultureel archief probeerde op te vullen. Ik hoorde hoe iemand als middelbare scholier in een restaurant werkte en extra lang deed over het afruimen van de tafels met daaraan leeftijdgenoten en hun ouders. Zo kon hij 'afluisteren' hoe Nederlandse middenklassegezinnen met elkaar omgaan. 'Daarbuiten had ik eigenlijk alleen *Goede Tijden, Slechte Tijden*, om me een beeld te vormen. En school.'

Een vrouw uit een conservatieve Hindoestaanse familie zei dat ze met haar echtgenoot was gaan oefenen op naturel oogcontact maken. Ze liep vanuit de gang de huiskamer in, stapte op hem af, een glimlach en dan die blik in de ogen. 'En niet te lang anders heb je weer nieuwe problemen.' Dit dertig keer, zodat je een routine ontwikkelt die je niet van huis uit hebt meegekregen.

Mensen uit conservatieve culturen hadden hun beleefdheid moeten afleren, zeiden ze letterlijk, bijvoorbeeld toen ze in de brugklas de docent met 'u' aanspraken en klasgenoten het uitproestten. Directheid moesten ze zich juist aanleren, net als obsessieve punctualiteit. Wie in Nederland ook maar vijf minuten te laat dreigt te komen, stuurt een appje. Als je zoiets in Egypte doet, verwijzen ze je naar de psychiater. Maar in de Nederlandse cultuur symboliseert 'op tijd komen' respect.

Hardop schelden deed op kantoor bijna niemand, begreep ik, want het ligt zo subtiel en gevoelig op welk moment en met welke toon krachttermen juist wel of toch net niet kunnen. Zulke voorzichtigheid herkende ik van *The Guardian*, net als het gevoel: ik ga nooit wennen aan deze cultuur. 'Dan hoor ik vrouwelijke collega's dingen over hun partner bespreken, inclusief allerlei gênante details,' zei een moslimvrouw die werkt als arts in een ziekenhuis. 'Dat is voor mij ondenkbaar. Dat je je man zo voor schut zet. Sommige Nederlandse vrouwen doen dat gewoon. Als ik niet meedoe is dat helemaal prima, hoor. Maar dan hoor ik er niet bij.' Hetzelfde bij een avondje zwaar dronken worden met collega's. Je hoeft niet mee, maar dan ben je er ook niet bij als daar banden worden gesmeed die later op kantoor een rol spelen.

Ga er maar aanstaan, dacht ik luisterend naar deze verhalen vaak: de mentaliteit en omgangsvormen doorkrijgen van al die Nederlanders zonder migratieachtergrond, terwijl die onderling ook nog eens flink verschillen, en veel van je hoogopgeleide collega's het bestaan van diep ingrijpende culturele verschillen juist liever negeren of ontkennen – en jou dus ook niet helpen: 'Wees gewoon jezelf, joh!'

Een-op-eengesprekken konden opeens erg openhartig worden, en dan vertelde een islamitische Nederlander over de schok die hij voelde toen hij voor het eerst een joodse landgenoot leerde kennen, en zich op eenzelfde gedachte betrapte als ik toen ik in Egypte voor het eerst moslims leerde kennen: het zijn net mensen.

Vaak ging het over de acceptatie van homoseksuelen, en met mannen over de gelijkheid van vrouwen. Hoe deden ze dat? Op kantoor hangt de regenboogvlag en is het diversiteitsweek, maar van je ouders mag je studerende zus niet op kamers en homoseksualiteit vinden ze een afwijking. Het antwoord: 'Ik leef in twee volstrekt gescheiden werelden.'

De meeste leden van diversiteitscommissies kenden de mentaliteit en omgangsvormen van de Nederlandse cultuur al. Ze hadden één of zelfs twee in Nederland geboren ouders, of kenden als geadopteerde geen andere cultuur dan die van hun adoptiegezin. Met hen ging het niet over afstand door cultuurverschillen, maar over ontmoediging, achterstelling en uitsluiting. Wat het met je doet als kind van elf wanneer je met een van de hoogste Cito-scores van de klas toch geen vwo-advies krijgt van de juf, want 'jij gaat toch trouwen'. Je moeder draagt immers een hoofddoek. 'Een te laag schooladvies,' zei de al genoemde eerste vrouwelijke burgemeester van kleur, Joyce Sylvester, daarover tegen *NRC*, 'dáár begint wantrouwen tegen de instituties.'

Mijn vertrouwen in instituties is dankzij het 'overadvies' van meester Jos juist toegenomen.

Lhbti in diversiteitscommissies rekenden af met mijn hoop dat hun acceptatie in Nederland ver zou zijn gevorderd, en vrouwen hielpen me inzien dat ik ondanks mijn geëmancipeerde zelfbeeld leef in een grotendeels door, en dus voor, mannen ingerichte wereld. Stel je voor dat de mens net als sommige plantensoorten maar uit één geslacht bestond, en dit vrouwen waren. Zou werk dan georganiseerd zijn zoals nu, waarbij arbeid buitenshuis wel wordt betaald en gevierd, maar zorgtaken binnenshuis niet? Waar vrouwen met hun soms diep ingrijpende hormonale cycli en het vermogen een kind op aarde te zetten mogen meedoen zolang je aan niets merkt dat het geen mannen zijn?

Draai het nu om. Stel dat de mensheid alleen uit mannen bestond. Hoe zou de arbeidsmarkt dan in elkaar zitten? Antwoord: zoals nu.

▼

Een spreker moet worden aangekondigd, en wie dit mag doen onderstreept zo de eigen positie. Bij mijn lezingen was het meestal de directeur of hoogste baas van de organisatie, doorgaans een persoon met veel of gewoon alle zeven vinkjes. Voor zijn 'enkele inleidende woorden' nam zo iemand vaak ruim de tijd. 'Nou Joris,' hoorde ik dan, 'iedereen hier is duidelijk benieuwd naar je verhaal. Diversiteit is zo belangrijk. Voor onze organisatie natuurlijk, maar ook... voor de samenleving als geheel, voor onze kinderen. En kleinkinderen.' Een vertederde blik op de diversiteitscommissie, een korte stilte en dan: 'Zelf kan ik er helaas niet bij zijn. Maar ik weet zeker dat het ont-zettend inspirerend wordt. Applaus!'

En weg was-ie. De tent moet natuurlijk wel bestuurd worden, en daarover gaan mannen zoals hij. Maar laat vooral weten wanneer het volgende ramadandiner is, dan ging hij 'zeker proberen' erbij te zijn.

Dit heb ik zo vaak gezien. Mooie woorden en 'm dan smeren, of jezelf als 'witte man van boven de vijftig' dankbaar laten wegsturen. Alsof ongelijke behandeling alleen gaat over degenen die ongelijk wórden behandeld, en niet over degenen die ongelijk behandelen.

Het liefst trapte ik af met een quiz. Hoe groot is de kans dat iemand in Nederland Joris Luyendijk is, vroeg ik als opwarmertje: één op zeventien komma vier miljoen natuurlijk, er is er maar eentje van mij en dat ben ik. Maar hoe groot is de kans dat iemand in Nederland een man is zoals Joris Luyendijk?

Vrijwel iedere zaal schatte dit hoger dan 3 procent, en hoe meer vinkjes iemand zelf had, hoe groter die overschatting. Hoeveel hadden de aanwezigen er zelf? Dan gingen ze tellen en vaak riep een witte man opgelucht uit: 'Nou, volgens mij maar een paar, hoor, haha. Ik ben geen kakker!'

Gingen we toch even tellen. Als hij hier in de zaal zat was hij bijna zeker hoogopgeleid. Waren zijn beide ouders in het buitenland geboren? Nee. 'Mijn vader was timmerman en mijn moeder juf. Hele gewone mensen, in een rijtjeshuis.' Maar... als lerares moet je toch hbo hebben? Wie kan nu beter de weg wijzen in het onderwijs en je beschermen tegen onderadvies dan iemand die er zelf werkt? Hij had inderdaad universiteit gedaan, bevestigde hij trots. 'En vwo. Geen gymnasium. Nee zeg. En ik zat zeker niet bij het corps!'

Hij was ook nog hetero, en had ze dus alle zeven.

Bij het vragengedeelte zaten opgestoken vingers frappant vaak vast aan een mannenlichaam, ook als we net een uur hadden besproken hoe mannen zoals ik een jeugd lang worden aangespoord en getraind zich te laten gelden en ruimte in te nemen, zo nodig ten koste van anderen. Soms nam een man spontaan het woord, of begon ongevraagd aan een recensie: 'Geestige lezing. Leuk gevonden, die "ze-ven vink-jes". Ik had nog een aanvulling...'

Regelmatig probeerde zo iemand later nog eens aan het woord te komen. Sorry, zei ik dan, sommigen hier zijn helemaal nog niet aan bod geweest. Waarop hij met een argeloos soort enthousiasme uitriep: 'Maar dit keer heb ik geen vraag. Ik heb een tip!'

Wanneer ik probeerde het woord te geven aan een vrouw die eerder een vinger had opgestoken, kwam regelmatig de reactie dat de vraag 'net al was beantwoord'. Zoiets heb ik een man niet vaak horen zeggen. Die stelde zijn vraag in andere bewoordingen alsnog, of ik zag hem ter plekke een nieuwe verzinnen. Zo'n kans om je te 'profileren' laat je niet lopen.

Soms volgde op mijn lezing een borrel of receptie. Ik bleef dan graag hangen om na te praten – ik hoorde dan zoveel interessante dingen. Vaak vormde zich een kleine rij van mensen met ieder nog een vraag of opmerking. 'Neem mij niet kwalijk,' wrong zich geregeld een man tussen de wachtenden naar voren, 'ik moet zo weg dus ik breek éven in. Wat ik mij afvroeg...'

Of ik was intensief met iemand in gesprek, en een man drong ertussen, stelde zich ongevraagd voor en vroeg 'waar dit over ging'. Hij kwam er dus niet stilletjes bij staan. Hij wilde meteen meedoen met het gesprek. Degene met wie ik net nog zo ingespannen stond te praten, moest maar even wachten totdat meneer was bijgepraat.

Is dit nu 'typisch mannelijk' gedrag? Ik ken genoeg mannen die dit nooit zouden doen. Het lijkt me typisch zeven-vinkjesgedrag.

Soms kwam een vrouw die wel geduldig haar beurt had afgewacht met een razend scherpe opmerking. Waarom had ze die net niet gemaakt? Dan had de hele zaal er iets aan gehad en wie weet welke vervolgvraag dat had opgeleverd. Tja. Ze had niet het idee gehad dat haar vraag 'voor anderen interessant was'.

Bijna altijd was deze nazit inspannender dan de lezing zelf. Dit was geen verhaal over beeldvorming over het Midden-Oosten of bankiers in Londen. Emoties vlogen soms alle kanten op en regelmatig raakte ik zo overvoerd met reacties dat ik iedereen bedankte, nog wat contactgegevens uitwisselde, en me snel richting de uitgang begaf.

En dan gebeurde het: een vrouw komt met grote passen op me af. Ze heeft dit moment duidelijk afgewacht en ik zet me schrap. Gaat ze me het verwijt maken dat ik als witte man het podium bezet houd? '*This is not your fight!*'

Maar ze is niet boos op mij. Ze is boos op haar collega's. 'Je zult begrijpen,' zegt ze, 'dat jouw verhaal van zonet voor mij niet heel veel nieuwe elementen bevatte.' Bij haar collega's zou het ook bekend moeten zijn, ging ze verder. 'Ik heb er vaak genoeg over verteld, sinds ik hier kwam werken als eerste vrouw van kleur. Hoe ongemakkelijk ik me soms voel omdat zij er altijd van uitgaan dat ik ben zoals zij, of dat wil worden. Hoe intimiderend mannen zoals jij kunnen overkomen, ook al denken jullie dat je het goed bedoelt... Nu weet ik dat dit het ene oor in is gegaan en het andere oor weer uit. Want mijn collega's horen het van jou en ineens valt het kwartje. Weet je wat ze doen? Ze gaan nu mij staan te vertellen hoe uitsluiting werkt!'

Dit is een flink aantal keren voorgevallen, in allerlei variaties. Soms werd ik aangesproken, dan kwam er achteraf een bericht van de diversiteitscommissie of van iemand uit het publiek: ik zeg iets al jaren, maar dan kom jij langs en opeens pikken collega's het wel op. Of: je hebt ze geraakt, hoor, de kerels bij ons, kennelijk moesten ze het een keer van een vent horen.

▼

Na afloop van een lezing voor BNNVARA vertelde de acteur, oud-*DWDD*-verslaggever en presentator Sahil Amar Aïssa hoe hij samen met een collega met een islamitische achtergrond al lange tijd bij zijn collega-journalisten en programmamakers pleitte voor een item over de onderdrukking van Chinese moslims, de Oeigoeren. Nul reactie. Toen wijdde Arjen Lubach er een item aan. 'Opeens komen diezelfde collega's op me af: "Heb je gehoord over die Oeiroegen? Gruwelijk man! Goed dat Lubach daar aandacht aan besteedt."'

Dit is Amar Aïssa het 'Arjen Lubach-effect' gaan noemen: een verhaal wordt opeens acceptabel, geloofwaardig en belangrijk wanneer het uit de mond komt van een gestudeerde, witte, autochtone heteroman uit een goed milieu – zoals Arjen Lubach die weliswaar het gymnasium noch de universiteit afmaakte, maar hier als hoogleraarszoon lang genoeg rondliep om zich de codes, mentaliteit en houding van de hoogopgeleide middenklasse perfect eigen te maken.

Hoe was mijn lezing ontvangen als ik precies hetzelfde verhaal had gehouden, maar met een accent dat de zaal deed denken aan Bassie & Adriaan, ma Flodder of Ciske de Rat, aan een bedremmelde boer uit Twente of hossende carnavalsvierders uit Brabant of Limburg? Voor Olga hadden de negatieve stereotypen voor het grijpen gelegen: 'dom', 'bitchy', 'manwijf', 'hysterisch'. Als homoseksueel was ik weg te zetten geweest als 'emotioneel', een persoon van kleur als 'overgevoelig' en een migrant als 'slecht geïntegreerd' of 'ondankbaar'.

Aan een man zoals ik blijft niet één van deze stickers plakken. En niet alleen dat. Ik ontvang ook nog een soort bonus. Kennelijk hangt om mij een aura van macht, succes, status en dus overredingskracht. Alsof het publiek niet alleen mij ziet, maar al die zeven vinkjes voor mij, op al die andere podia, in heden en verleden.

Zo iemand kun je veilig napraten.

▼

Toen kwam corona. Van de ene op de andere dag werden alle lezingen afgezegd. Het leven viel stil en dat bleef maandenlang zo. Na afloop van de eerste lockdown kwamen de uitnodigingen voorzichtig weer op gang, alleen dan voor veel kleinere groepen. Niet langer een zaal met soms wel vierhonderd personen, maar overzichtelijke ruimtes met daarin, keurig op anderhalve meter afstand van elkaar, een tien- tot twintigtal personen, meestal op hetzelfde managementniveau en vaak al jaren collega's.

Dit werden groepsgesprekken, met name over de vraag hoe het is om op je werk andere vinkjes te hebben dan Joris Luyendijk.

Mensen die havo hadden gedaan, vertelden – met duidelijke schroom – hoe ze dat op hun cv hadden leren verbergen. Want je 'hoort' toch eigenlijk in één keer vwo te hebben gedaan, of nog liever gymnasium. Menig hbo'er had op aandringen van de werkgever later in de carrière nog een universitaire graad behaald – maakte niet uit waarin, het ging om 'het papiertje'. Want je 'hoort' toch eigenlijk een academische titel te hebben.

Veel vrouwen vertelden hoe bij gebrek aan steun van hun partner en werkgever de combinatie van kinderen en voltijds werken in de praktijk bijna onmogelijk wordt gemaakt. Mensen van wie beide ouders in het buitenland waren geboren merkten op dat het compliment 'wat ben jij goed geïntegreerd' vaak moeilijk te onderscheiden was van: 'wat fijn dat ik aan niets meer merk dat jij een andere cultuur hebt dan ik'. Mensen met een Nederlandse ouder en eentje uit het buitenland kregen dat 'compliment' ook, en vertaalden het als een aanwijzing om op kantoor de cultuur van hun buitenlandse vader of moeder 'thuis te laten'. Personen van kleur zeiden soms dat ze bij 'wat spreek jij goed Nederlands' vaak de onuitgesproken zin 'voor iemand met jouw huidskleur' erachteraan hoorden. 'Terwijl Nederlands mijn moedertaal is!'

'Ik heb een Egyptische vader,' vertelde beleidsmedewerker bij Sociale Zaken, Faryda Hussein. 'Het voelt als verraad om mijn moeders achternaam te gebruiken. Maar ik weet hoeveel het soms zou schelen als ik niet ondertekende met Faryda Hussein, maar met F. Steenhuisen.' Ook haar broer Ramzy gebruikt Hussein, zei ze, 'maar hij voegt daar meteen aan toe: "met een korte ij". Zo wordt de naam als Hollands ervaren. En is duidelijk dat hij het verschil kent tussen een lange en een korte ij.'

Deze gesprekken gingen over de vraag: wat laat ik van mezelf zien? En zeker ook: wat laat ik van mezelf horen? 'Een vonnis voorlezen met mijn Zuid-Limburgse accent?' hoonde een rechter in de Randstad. 'Het publiek in de rechtbank zou me niet meer serieus nemen, ook al verander ik geen woord aan de tekst zelf. Zelfde met collega's: als ik tijdens een vergadering zou praten als bij ons thuis, zou ik geen serieuze zaak meer toegewezen krijgen.'

Een Friese boerenzoon vertelde dat hij de eerste drie maanden op het gymnasium in Leeuwarden steeds als hij zijn mond opendeed, werd gecorrigeerd. 'Door de leraren, hè? Daarna sprak ik ABN, vlekkeloos.' Hij haalde zijn schouders op, en even was het stil.

'Ja, nu je het zegt... Dat Brabantse accent moet ik ergens op weg naar de universiteit in Groningen zijn kwijtgeraakt,' reageerde de topadvocate in Amsterdam bij wie ik het inderdaad niet meer hoorde. 'Je moet me boos maken, of aan het lachen,' schaterde ze het uit en toen hoorde ik het inderdaad weer. Hoe ging dat op bezoek bij haar ouders, als ze een telefoontje kreeg van haar werk? Ja, zei ze, opeens met enige aarzeling, dan liep ze eerst even de kamer uit voordat ze opnam. Toch een beetje ongemakkelijk als haar vader, moeder of broer haar zo hoorden.

Hoeveel mensen ik wel niet heb gesproken die goed geld hadden betaald om met logopedielessen van die Utrechtse 'r' af te komen, van die vlijmscherpe Marokkaanse 's' of een Duitse dan wel Vlaamse tongval. Ik heb geen enkele persoon getroffen die had geprobeerd juist mijn wijze van ar-ti-cu-leren af te leren. Maar die heet dan ook Algemeen Beschaafd Nederlands.

Regisseur Martin Koolhoven vertelde dat hij zijn zachte 'g' al 'achter zich' had gelaten toen hij op zijn achttiende uit huis ging. Maar op de filmacademie in Amsterdam merkte Koolhoven 'dat mijn accent me misschien niet meer geografisch duidde, maar mijn sociale klasse nog steeds in mijn woordkeuze was te horen'. Koolhoven ging net als ik 'restaurant' zeggen zonder die 't', 'douchen' en niet 'doesen' en 'oto' in plaats van 'auwtow'. Een vriend van adel hielp hem dat nog verder te verfijnen. Geen verbloemend taalgebruik en nooit 'overgeven' zeggen, maar 'spugen' of 'kotsen'. Geen Franse woorden als er een Nederlands alternatief is, 'taartje' en nooit 'gebakje', 'ijskast' en nooit 'koelkast'.

Koolhoven spreekt nu deftiger Nederlands dan ik, en

hij benadrukte dat lang niet iedereen op de filmacademie zich zo aan het aanpassen was. 'Misschien was het een zekere schaamte voor mijn eenvoudige komaf, iets waar mijn ouders de eerste jaren de dupe van zijn geworden. Ik geloof niet dat ik ze altijd prettig behandeld heb. Intussen is de relatie weer prima, al blijft het soms een beetje pijnlijk als mijn kinderen in hun bijzijn zeggen dat ze van mij niet mogen zeggen dat ze "vol zitten".'

Koolhoven vertelde hierover onbezorgd en zonder verbittering, en met zijn nuchtere relaas wees hij me de weg naar een begrip waarvan ik me een paar jaar later moeilijk nog kan voorstellen dat ik het ooit níét kende: klassenmigratie.

▼

In de wetenschap is al heel lang veel aandacht voor de neiging bij mensen om bewust en onbewust met hun woordkeus, accent en articulatie signalen uit te zenden over de sociale klasse waar ze bijhoren – of bij willen horen. Bijvoorbeeld het werk van de Franse socioloog Pierre Bourdieu kun je lezen als een gids hoe dat werkt.

Dat blijk ik te hebben gedaan. In de kantlijn van mijn studieboeken van en over Bourdieu staan krabbels, krullen en uitroeptekens. Maar ik moest bij *The Guardian* de cruciale rol van taal zelf ervaren voordat de realiteit ervan werkelijk doordrong. En pas door de emoties die nu loskwamen bij de groepsgesprekken ging ik zien dat niet alleen in Engeland taal je sociale klasse verraadt, maar ook bij ons.

Voor het eerst kwam ik de term 'klassenmigratie' tegen bij de Amerikaanse sociologe Joan Williams, auteur van het boek *White Working Class: Overcoming Class Cluelessness in America*. Vrij vertaald: hoe worden we minder onnozel over sociale klasse?

In Europa is het vooral Williams' Franse collega Didier Eribon die de term voorbij de muren van de wetenschap heeft geïntroduceerd. Eribon maakte naam met baanbrekende, deels autobiografische studies over de wisselwerking tussen homoseksualiteit en schaamte: voordat je als jongetje beseft dat je op mannen valt, heeft de maatschappij je al op homo's leren neerkijken. Allerlei prijzen en eerbewijzen waren Eribon al ten deel gevallen, toen hij zich op een dag realiseerde dat hij tegenover zijn intellectuele vrienden in Parijs zijn afkomst altijd net zo had verloochend als anderen doen met hun homoseksualiteit: de kleine leugentjes, zorgen dat je vrienden je ouders nooit ontmoeten, een paar hartsvrienden die 'het' weten...

In zijn boek *Terugkeer naar Reims* herstelt Eribon het contact met zijn moeder en andere familieleden die altijd in zijn geboortestad Reims zijn blijven wonen, en beschrijft hij het gat tussen beide werelden, of beter: tussen beide sociale klassen. Eindelijk realiseert Eribon zich welke offers zijn moeder heeft gebracht. Overdag in de fabriek en 's avonds maakte ze schoon, onder meer de huizen van zijn rijke klasgenootjes zodat de kleine Didier naar een uitstekende middelbare school kon. Wat leerde hij daar, en opnieuw op zijn topuniversiteit, en weer daarna in het Parijse intellectuele milieu? Minachting voor de smaak, mentaliteit en levenswijze van de autochtone arbeidersklasse van zijn moeder.

In Nederland bleek ook al iemand de term 'klassenmigrant' te 'populariseren', namelijk antropoloog Sinan Çankaya, auteur van het al genoemde boek *Mijn ontelbare identiteiten*. Voor zijn promotie aan de universiteit legde Çankaya zoveel discriminatie bij de politie bloot dat die het onderzoek probeerde te laten verdwijnen. 'Mijn ouders zijn trots op me,' zei Çankaya in *NRC*. 'Maar ze begrijpen niet waar ik mee bezig ben, wat het betekent om onderzoek te doen bij de politie, om de strijd daar aan te gaan, te promoveren. Hoe bedoel je, "ik word doctor"? Ga je in het ziekenhuis werken dan? Ik ben een migrant binnen mijn eigen familie.'

Wie voor altijd in een ander land gaat wonen, verandert. Je gaat anders eten, praten, denken en vaak zelfs bewegen. Zo raak je onthecht van je land en de vertrouwde wereld van je jeugd. Dit kan een bevrijding zijn, maar het hoeft niet. Want je raakt verwijderd van je ouders en van je 'achtergebleven' broers en zussen. Krijg je later kinderen, dan voelen die zich veel meer thuis in het land dat voor jou bij aankomst zo nieuw was, dan in het land dat je ooit 'achter' je liet. Een indrukwekkende stroom romans van en over de 'verscheurdheid tussen twee culturen' getuigt van dit drama.

Wie uit een arbeiders- of bescheiden boerenfamilie gaat doorleren, kan iets vergelijkbaars meemaken. Veel klassenmigranten gaan anders eten, praten, denken en opvoeden. Met mijn opleiding dichtte ik gaandeweg de kloof met mijn ouders, en met mijn diploma was dit proces voltooid; doctorandus Joris Luyendijk hoort nu officieel en voor de rest van zijn leven bij de hogere middenklasse. Bij veel klassenmigranten ontstaat juist een kloof. Op de diploma-uitreiking kan dit opeens ten volle doordringen, wanneer ze in iedere vezel van hun lijf het ongemak voelen bij hun ouders en eventueel broers of zussen – te midden van al die middenklassefiguren die juist uitstralen hoezeer ze zich thuis voelen: de juiste kleding, een passend cadeau en alvast een reservering in een restaurant om straks bij 'een goed glas wijn' sterke verhalen uit te wisselen over papa en mama's studententijd.

'Mijn vader liet mijn uitreiking schieten,' vertelde een man van mijn leeftijd. 'Daar bedoelde hij niks kwaad mee. Hij had gewoon een viswedstrijd.' Zijn moeder was wel gekomen en had de ceremonie gelukkig kunnen volgen want destijds waren diploma-uitreikingen nog niet in het Engels.

Zelf heb ik nauwelijks herinneringen aan mijn afstuderen, maar menig klassenmigrant omschreef die dag als misschien wel de meest verdrietige en verwarrende in hun leven, na afloop alleen op hun studentenkamer. Van de ene kant de trots bij hun familie, van de andere kant het besef bij diezelfde familie: ons kind hoort nu bij hén.

'Laatst zei iemand: je lijkt je wel te verontschuldigen

dat je aan de universiteit werkt,' verklaarde Sinan Çankaya tegenover *Het Parool*. 'Ik ben bang dat daar zelfverloochening in zit, schaamte die gepaard gaat met de verwijdering van mijn oude milieu, van mijn jeugdvrienden. Alle emoties waar migranten mee te maken hebben, gelden ook voor verandering van klasse en status: nostalgie, vervreemding, afzondering en eenzaamheid.'

In het Frans kan '*transfuge de classe*' zowel klassenmigrant als klassenoverloper betekenen, en die dubbele lading maakte veel herkenning los. Als zoon van ongeletterde Twentse textielarbeiders had hoogleraar filosofie en voormalig denker des vaderlands René ten Bos in zijn jeugd 'de smerigste baantjes'. Na al dat denken voor het vaderland heeft hij nu juist 'van die kleine handjes en dunne armpjes', verzuchtte hij eens tegen *Trouw*. 'Ergens speelt bij mij wel dat ik verrader ben van de arbeidersklasse.'

In Engeland worden Nederlanders hooguit wat geplaagd met archaïsche uitdrukkingen als '*going Dutch*' of '*Dutch wife*' – een keihard kussen dan wel opblaaspop. Bij *The Guardian* heb ik me dan ook nooit verscheurd gevoeld tussen de plek waar ik vandaan kwam en de plek waar ik me wilde vestigen. Veel klassenmigranten daarentegen spraken van een permanente spanning tussen liefde en trouw aan de eigen ouders, en de wens er op het werk bij te horen – waar collega's uit een nest als het mijne regelmatig in alle achteloosheid misprijzende opmerkingen maken over 'boze witte mannen', 'tokkies', laagopgeleiden of huisvrouwen. 'Hé, denk ik op zo'n moment vaak,' vertelde een jonge vrouw met onvaste stem, 'je hebt het wel over mijn vader en moeder. Maar als ik dat hardop zou zeggen, plaats ik mezelf buiten de groep.'

'Je gaat er nooit écht bij horen,' zei menig klassenmigrant en intussen waren ze de veilige haven van hun jeugd niet alleen kwijt, ze hadden er juist vaak ruzie. Over de sinterklaasviering of het vaccin tegen corona, over te veel vlees bij de barbecue, en na iedere verkiezing. Hun ouders stemmen zoals veel laagopgeleiden PVV, SP of helemaal niet, zij juist op een van de vier middenpartijen die al decennia de regeringscoalities vormen.

Vooral bij kleinere groepen die elkaar goed kenden, kon zoveel onderdrukte pijn naar boven komen dat de spanning bijna tastbaar werd, en soms liepen iemand de tranen over de wangen. Intussen zag je de verbijsterde verwarring op de gezichten van aanwezigen met mijn soort ouderlijk milieu: waar gaat dit over? Sociale klasse speelt in ons land toch al lang geen rol meer?

▼

Eind jaren vijftig telde Nederland zo'n tweehonderdduizend hoogopgeleiden, onder wie tienduizenden priesters. Zestig jaar later hebben zeker vier miljoen Nederlanders hbo of universiteit. Heel veel hoogopgeleiden in Nederland moeten ouders of grootouders hebben die niet hadden gestudeerd. Anders gezegd: hoogopgeleid Nederland is in meerderheid klassenmigrant, of een kind daarvan.

Toch staat het woord niet in de *Dikke Van Dale*. Hoe kan een begrip dat zoveel losmaakt bij degenen over wie het gaat, bij henzelf onbekend zijn? 'Wat jij had in Londen,' zei menig klassenmigrant, 'zo heb ik mij in het begin vaak gevoeld, hier op mijn werk.' Dat je bij vergaderingen ieder woord snapt dat er wordt gezegd – het is tenslotte je moedertaal – en je toch geen idee hebt wat er is besloten. Want je hebt het toongebruik van de hoogopgeleide middenklasse nog niet geleerd te decoderen.

Klassenmigranten die ook nog uit een andere cultuur kwamen, stelden verbaasd vast dat ze autochtone hoogopgeleiden altijd als één blok hadden gezien. 'Maar een witte klassenmigrant en ik maken in allerlei opzichten hetzelfde door. Waarom hebben we het hier nooit over?'

Als ik dit voorlegde, ging het over de schaamte die Eribon aankaart, bijvoorbeeld over de stiltes en alle kleine leugentjes waarmee je je afkomst verloochent. En vaak kwam het '*imposter*-' ofwel 'indringerssyndroom' langs: de nachtmerrie dat je eigenlijk niet voldoet en dit ieder moment ontdekt kan worden. Dus pas je je zo veel mogelijk aan, en maak je je klein en onzichtbaar. Als een feestje waar je zonder uitnodiging rondloopt en steeds moet vrezen te worden 'betrapt'. Alleen is dit geen feestje maar je hele leven, omringd door mannen en vrouwen zoals ik die geen benul hebben.

Ik hoorde van een man die om carrière te maken bij de rechterlijke macht zijn naam van Marco in Marc had veranderd, en na een lezing in de villawijk van Bussum kwam na afloop een oudere heer op me af. Hij had duidelijk op me staan wachten, en keek nog een keer schielijk om zich heen voor hij me snel de hand schudde. 'Ik ben er ook zo één,' zei hij, en ontmoette een moment mijn blik. 'Ik werk als huisarts. Al dertig jaar ben ik bang ontmaskerd te worden.' En weg was-ie weer.

▼

Het blijft een kleine en 'aselecte' steekproef, tachtig tot honderd lezingen voor tussen de twintig en de vierhonderd hoogopgeleiden. Maar als in zo'n grote zaal eigenlijk steeds het Arjen Lubach-effect optreedt, en in kleine gezelschappen de klassenmigranten soms zeer emotioneel reageren terwijl voor letterlijk iedere persoon in de zaal het begrip zelf nieuw is, dan is dat wel toevallig.

Ik denk dat het zo werkt: doordat mannen zoals ik al zo lang zoveel machtsposities innemen, zijn wij een soort onzichtbare norm gaan vormen. Wil je met ons meedoen, dan kun je maar beter proberen zo veel mogelijk op ons te lijken. Want hoe meer je op ons lijkt, hoe meer voordeel van de twijfel.

Dit zou verklaren waarom zoveel arbeiderskinderen en boerenzonen en -dochters hun achtergrond stilhouden of verbergen, in plaats van die te vieren en als bewijs van doorzettingsvermogen vol trots aan de wereld te tonen. Niet toevallig werden de klassenmigranten in het al genoemde boek *Die hoeft nooit meer wat te leren* enkel met een voornaam aangeduid: zelfs nu ze al lang waren afgestudeerd en een mooie baan hadden, wilden ze niet bij naam worden genoemd.

Als de zeven kenmerken of vinkjes van een man zoals ik samen een soort onzichtbare norm vormen waar je maar beter zo veel mogelijk op kunt lijken, kan dat ook verklaren waarom sommige politici of prinsen zich geroepen voelen publiekelijk te ontkennen dat ze homoseksueel zijn. En waarom van moeders die premier willen worden uitleg wordt verwacht hoe ze dat gaan combineren met de zorg voor hun kinderen, en van vaders niet. Die laten zich zoals zeven-vinkje Wopke Hoekstra juist vieren als 'familieman'.

Zie hoe opleidingen zijn ingedeeld in 'hoog' en 'laag' in plaats van het waardevrije 'theoretisch' en 'praktisch'. Als ik 'hoog' tennis, sla ik iedereen die 'lager' op de ranglijst staat van de baan. Maar mijn opleiding antropologie maakt mij op geen enkele manier beter in de elektrotechniek of verpleegkunde die je op 'lagere' opleidingen leert. De Nederlandse economie heeft ruim voldoende mensen met een diploma bedrijfskunde, communicatiewetenschappen of internationale betrekkingen. Tegelijk is er een enorm tekort aan praktisch opgeleiden, en als de covidpandemie iets duidelijk maakte, dan was dat wel hoe weinig academische beroepen 'essentieel' zijn voor het land. Toch blijft het Nederlands onderwijsbeleid erop gericht een zo groot mogelijk deel van de bevolking op het hbo of de universiteit te krijgen. Zo zijn 'massastudies' ontstaan met te weinig hoogleraren en docenten op te veel studenten, terwijl hogescholen en universiteiten worden afgerekend op het aantal diploma's dat ze toekennen. Hoe hoog zullen de eisen dan nog zijn? Maar een hoge opleiding is de norm en hoe meer mensen die hebben, hoe beter. Universiteit is hierbinnen het hoogste, zodat hbo-instellingen zich *Universities of Applied Sciences* noemen – in het Engels mag dat nu van de regels.

Een onzichtbare norm kan verklaren waarom voor het Centraal Bureau voor de Statistiek lange tijd een huwelijk tussen bijvoorbeeld een in Suriname geboren Nederlander en een in Pakistan geboren Nederlandse niet meetelde als 'gemengd'. Er moest een autochtoon persoon bij zitten, want dat is de norm. Datzelfde Centraal Bureau voor de Statistiek schrijft op zijn website: 'Met de emancipatie van vrouwen gaat het sinds 2015 op veel vlakken de goede kant op. Ze werken vaker en meer uur, en zijn daardoor ook vaker economisch zelfstandig. Ook zijn ze naar eigen zeggen minder vaak slachtoffer van geweld.' Los van de interessante volgorde waarin deze criteria staan opgesomd echoot hier opnieuw een klassiek mannelijk perspectief door. Emancipatie is de mate waarin vrouwen zich redden in de bestaande, door en dus voor mannen ontworpen arbeidsmarkt.

Mijn tante Loes sprak altijd van 'vrinden' terwijl haar broers, zussen en mijn vader gewoon 'vrienden' zeiden. Zij brak in de jaren zeventig door het glazen plafond van de Amsterdamse gemeenteraad, voor de VVD, in een tijd dat je als getrouwde vrouw met kinderen nog werd geacht je baan op te geven. Voelde zij de noodzaak zich te verschansen achter chiquer taal- en toongebruik? Ook haar partijgenoot en dochter van een zwaar calvinistische ondernemer uit Rotterdam Neelie Kroes nam ooit het besluit overdreven deftig te gaan praten, net als Pim Fortuyn, en de biseksuele schrijver die als 'domste jongetje van de klas' naar de mulo werd gestuurd, Adriaan van Dis. De vader van presentator Jort Kelder was stuurman op de grote vaart en had 'baantjes bij bedrijven', vertelde Kelder aan het radioprogramma *Kunststof*. 'Mijn ouders zijn geen kakkers.'

▼

Ik snap goed dat mensen proberen op Joris Luyendijk te lijken. Want in Nederland anno nu is het heerlijk om als een Joris Luyendijk te worden behandeld.

Het gaat over de non-binaire schrijver Marieke Lucas Rijneveld, de Marokkaanse schrijver Abdelkader Benali, de homoseksuele schrijver Gerard Reve, de feministische schrijfster Anja Meulenbelt en de Joodse schrijver Arnon Grunberg. Ik ben gewoon schrijver, zonder bijvoeglijk naamwoord laat staan hokje.

Mijn werk is mijn werk en nooit word ik ergens afgedaan als de 'excuus-x', of krijg ik vragen hoe het is voor mij als 'x' – met op het kruisje 'vrouw', 'homo', 'migrant', 'zwarte', 'moslim' of 'buitenlander'. Niemand zaait twijfel of ik wel objectief kan zijn, en ik hoef nooit te bedenken of ik me niet moet uitspreken namens de groep waartoe ik word gerekend, of hoe een uitspraak van mij op zo'n groep zal afstralen. Want ik word niet tot een groep gerekend. Als ik voor mijn belangen opkom, heet dit geen 'activisme' of 'identiteitspolitiek' en mijn aanwezigheid in een panel, team of regeringsploeg voegt geen 'waardevol perspectief' toe.

Hebben zeven-vinkjes dan geen eigen identiteit, belangen of perspectief? Tuurlijk wel. Maar die van ons zijn de norm. Wij spreken voor het geheel.

Diversiteit is natuurlijk prima, zolang het maar niet...

Julia Wouters was vanaf 2006 elf jaar lang de rechterhand van PvdA-leider en vicepremier Lodewijk Asscher. In *De zijkant van de macht. Waarom de politiek te belangrijk is om aan mannen over te laten* beschrijft ze hoe alle grote partijen de verkiezingen van 2017 ingingen met een vrouw op nummer twee van de lijst... om die bij de formatie vervolgens ijskoud thuis te laten. Mark Rutte nam niet Jeanine Hennis-Plasschaert mee naar de onderhandelingen maar Halbe Zijlstra, Diederik Samsom niet Jetta Klijnsma maar Jeroen Dijsselbloem, Alexander Pechtold niet Stientje van Veldhoven maar Wouter Koolmees, en Sybrand Buma niet Mona Keijzer maar Pieter Heerma.

Het resultaat was het kabinet-Rutte III. Net als in Rutte I en II zat daar geen enkele minister of ook maar staatssecretaris van kleur in, en opnieuw minder vrouwelijke ministers dan mannelijke. 'Ik had er graag meer willen hebben,' reageerde Rutte. 'Maar uiteindelijk geldt: we gaan voor de beste mensen. Het is wat het is.'

Dit is het kabinet waarin Halbe Zijlstra zonder relevante ervaring of competenties minister van Buitenlandse Zaken werd en moest vertrekken wegens liegen. Waarin

Bruno Bruins als minister van Volksgezondheid niet opgewassen bleek tegen een crisis van het formaat van corona, zijn opvolger Hugo de Jonge deze crisis wel even dacht te kunnen combineren met het CDA-lijsttrekkerschap, en Ferdinand Grapperhaus als nota bene minister van Justitie bij zijn bruiloft de eigen coronaregels overtrad.

Wie had bepaald dat dit 'de beste mensen' waren? Antwoord: de leiders van de coalitiepartijen. Wie waren dat de afgelopen tien jaar? Zijn eerste kabinet stelde Rutte samen met zeven-vinkje Maxime Verhagen van het CDA, zijn tweede met zeven-vinkje Diederik Samsom van de PvdA, zijn derde met de drie zeven-vinkjes Sybrand Buma van het CDA, Alexander Pechtold van D66 en Gert-Jan Segers van de ChristenUnie-leider, en zijn vierde met opnieuw Segers, ditmaal aangevuld met zeven-vinkje Wopke Hoekstra en Sigrid Kaag van D66: zij heeft alle vinkjes behalve 'man'.

Ook in de vele kabinetten-Balkenende, -Kok, -Lubbers en -Van Agt waren de partijleiders heel erg vaak zeven-vinkjes* en zij kozen ook weer heel vaak zeven-vinkjes in

* In Van Agt I, II en III, en Lubbers I en II zijn beide premiers zowel als hun coalitiepartners Hans Wiegel van de VVD, Joop den Uyl van de PvdA en Jan Terlouw van D66 zeven-vinkjes. PvdA'er Wim Kok is een timmermanszoon en met mulo, hbs en Nyenrode een 'stapelaar', maar zijn coalitiepartners Hans van Mierlo en Thom de Graaf van D66 zijn mannen zoals ik, net als VVD-leider Frits Bolkestein en zijn opvolger Hans Dijkstal – als die de universiteit had afgemaakt. Premier Balkenende heeft zeven vinkjes en D66-leider

hun kabinet. Vier van de laatste tien ministers van Economische Zaken, Financiën en Volksgezondheid, zes van de laatste tien ministers op Buitenlandse Zaken* en acht van de laatste tien ministers op Justitie zijn mannen zoals ik. **

Ministers hebben een belangrijke stem in de benoeming van topambtenaren op ministeries en bij rijksdiensten, en die bepalen op hun beurt weer mee wie er lager in de piramide kansen en promoties krijgen. Deze topambtenaren worden geselecteerd door het 'uitzendbureau' en trainingsinstituut van de overheid, de zogeheten Algemene Bestuursdienst. De hoogste baas daar heet Bram de Klerck. Hij heeft zeven vinkjes, hetzelfde aantal als de hoogste bazen van de inlichtingendienst AIVD, het RIVM en het Centraal Planbureau.*** Ook de Raad voor de

Boris Dittrich heeft ze allemaal op 'hetero' na. VVD-leider Gerrit Zalm, ChristenUnie-leider André Rouvoet en Mat Herben van de LPF zijn zoons van respectievelijk een kolenboer, een groenteboer en een chauffeur.

* Eric Wiebes, Maxime Verhagen, Laurens Jan Brinkhorst, Herman Heinsbroek respectievelijk Wopke Hoekstra, Jeroen Dijsselbloem, Wouter Bos en Onno Ruding respectievelijk Ernst Kuipers, Eduard Bomhoff, Aart Jan de Geus, Elco Brinkman respectievelijk Wopke Hoekstra, Stef Blok, Frans Timmermans, Maxime Verhagen, Ben Bot, Jaap de Hoop Scheffer.

** Ferdinand Grapperhaus, Ivo Opstelten, Stef Blok, Ard van der Steur, Ernst Hirsch Ballin, Piet Hein Donner, Benk Korthals en Frits Korthals Altes.

*** Erik Akerboom, Jaap van Dissel en Pieter Hasekamp.

Leefomgeving, het Veiligheidsberaad en de Onderzoeksraad voor Veiligheid worden geleid door mannen zoals ik.*

▼

'We gaan voor de beste mensen,' zei Mark Rutte. Maar wat maakt iemand 'de beste'?

Hoe meer ik mensen met andere vinkjes kon uithoren over hun levensloop, hoe meer die vraag me ging bezighouden: wie mag in de politiek, het openbaar bestuur, het bedrijfsleven en de journalistiek eigenlijk bepalen wat kwaliteit is?

Sahil Amar Aïssa van BNNVARA had de hoogste Cito-score van de klas en kreeg als schooladvies vmbo. 'Ashraf gaat daar ook naartoe. Dat is toch gezellig?' Hij wist zich in te schrijven op de havo, als mannetje van elf. Zijn ouders spraken geen Nederlands, zijn hele middelbareschooltijd deelde hij een kamer met zijn broers, en een tijdlang met nog een oom erbij. Huiswerk, profielkeuze, de filmopleiding in Rotterdam, stages, sollicitaties... Amar Aïssa heeft het allemaal zelf uitgezocht, bekostigd en voor elkaar gebokst. Niet alleen dat: hij maakt geen moment een verbitterde indruk.

Wat een incasseringsvermogen, moest ik bijna jaloers

* Jan Jaap de Graeff, Hubert Bruls en Jeroen Dijsselbloem.

bekennen. Wat een aanpassingsvermogen en weerbaarheid. Had ik daar maar meer van gehad, bij *The Guardian*. Want wat ik in Londen niet klaarspeelde, is Amar Aïssa in Nederland gelukt: zich de omgangsvormen van een nieuwe cultuur en de codes van een nieuwe sociale klasse eigen maken. Daarnaast is hij ook nog eens perfect tweetalig.

P.C. Hooftwinnaar Maxim Februari zou een zeven-vinkje zijn geworden, als hij niet was geboren in het lichaam van een vrouw. In *NRC* boog hij zich over zijn besluit tot een geslachtsoperatie, in een tijd dat je verplicht gesteriliseerd werd. Waarom had hij zich tegen deze 'gruwelijke wet' niet verzet? Februari's analyse: door alle taboes en 'dwingelandij van bureaucratische protocollen' was hij gaan denken dat hij niet beter verdiende. 'Gedwongen sterilisatie? Toe maar, kan er ook nog wel bij! Achteraf denk ik geschrokken dat ik te druk en te gestrest was om iets te zeggen.'

Zijn conclusie: 'Door afhankelijkheid, stress en geïnternaliseerde geringschatting spreken mensen zich in onrechtvaardige omstandigheden niet uit. Dat geldt voor mensen in lastige arbeidsomstandigheden, in moeilijke economische situaties, in posities waarin ze afhankelijk zijn van instellingen of diensten. Arm, en beschaamd zo arm te zijn, zegt de dichter Vasalis.'

Aan zulk inlevingsvermogen hadden regering en Tweede Kamer misschien best wat gehad, toen ze de wetten maakten en aannamen die zouden leiden tot het toeslagenschandaal. Zouden het ambtelijk apparaat en de belastingdienst met dit soort empathie in huis nog steeds de meest hardvochtig denkbare uitleg aan deze wetten hebben gegeven?

Met een vriend die op jonge leeftijd met zijn ouders uit het Irak van Saddam Hussein naar Nederland vluchtte, kwam ik te spreken over het gesus, getreuzel en dodelijk gebrek aan urgentie en doortastendheid bij de regering tijdens de coronacrisis. 'Het probleem met onze politici,' zei hij, 'is dat ze alleen binnen de bestaande kaders kunnen denken. Als wij een minister van Volksgezondheid hadden met een vluchtverleden... Die had al eens van het ene op het andere moment opnieuw moeten beginnen. Omdat ineens alles anders is, voor altijd. Dat voorstellingsvermogen en improvisatievermogen heeft een vluchteling, anders had-ie niet overleefd.'

'Een vluchtverleden' was mij altijd voorgesteld als een trauma waarvoor ik begrip en geduld moest 'opbrengen', en als een 'achterstand' die je mensen moest helpen overwinnen. Als ik iets heb geleerd van die vriend dan is het wel hoe traumatiserend een vlucht kan zijn, voor meerdere generaties. Maar wat als die ervaring, mits verwerkt, je in crisistijd juist een beter leider maakt?

De filosoof en schrijver van *De zwarte zwaan* Nassim Nicholas Taleb zag als een van de enigen de bankencrisis van 2008 ruim van tevoren aankomen. Hij komt uit het door burgeroorlog verscheurde Libanon. Ook de belegger en filantroop George Soros kon zich voorstellen dat de wereld opeens zou instorten, want dat was hem als

Hongaarse Jood tijdens de Tweede Wereldoorlog al eens overkomen.

Wat een contrast met premier Balkenende, minister van Financiën Bos en zijn verre voorganger Ruding. Zelfs toen de bankencrisis al maanden voortwoekerde, bleven zij beweren en bezweren dat het allemaal wel meeviel. Dit zijn juist drie mannen zonder een breuk in hun leven.

▼

Mijn lezingen brachten me ook in aanraking met afdelingen personeelszaken en human resources en bureaus voor werving en selectie. Dit waren niet heel veel ontmoetingen, maar overal hoorde ik hetzelfde over hoe zij 'de beste mensen' definiëren.

Aan de poort kijken we naar je cv, zeiden personeelsfunctionarissen. Je moet de juiste vooropleiding hebben. Dat is objectief en maakt vergelijken mogelijk. Een plus is dat je in één keer vwo of gymnasium hebt gedaan, liever dan via de havo. Verder helpt het als je een tweede studie hebt gedaan, een tijd in het buitenland hebt gestudeerd, en activiteiten naast je studie hebt ondernomen.

Voorbij de poort is bij beoordelingen uiteraard belangrijk of je je werk goed doet en of je klikt met anderen. En voor promoties? Daarover was eigenlijk iedereen het eens: hoe hoger je komt, hoe belangrijker 'zichtbaarheid' wordt. Iemand moet 'er staan', uitstraling hebben, graag en makkelijk een groep toespreken en 'goed overkomen'.

Als je dan ook nog genoeg ervaring hebt omdat jou in het verleden al kansen zijn gegund, word je snel gezien als een 'zware kandidaat'.

Ook ik heb lang geloofd dat dit neutrale criteria zijn. Totdat ik bij *The Guardian* merkte hoezeer 'zichtbaarheid' samenhangt met zelfvertrouwen. Dan scheelt het wanneer op kantoor dezelfde taal wordt gesproken als ooit bij je ouders en dat zij je fouten destijds corrigeerden zodat je daar nu niet onzeker over hoeft te zijn.

Het scheelt wanneer op kantoor dezelfde culturele omgangsvormen gelden als thuis. Zo vertelde een vrouw uit een conservatief Surinaams nest dat zij als kind bij het avondeten zweeg. Pas als haar iets werd gevraagd, gaf ze antwoord. Dat was beleefd. Zo liep ze achttien jaar training in presentatievaardigheden mis. 'In je meest vormende jaren. Haal dat maar eens in.'

Ten slotte scheelt het wanneer op kantoor de codes en toongebruik dezelfde zijn als ooit bij je ouders. Wie hebben dan het meest kans op zelfvertrouwen? Kinderen uit de autochtone, hogere middenklasse. Ook meisjes groeien in dit milieu op. Maar als een vrouw haar stem verheft, kan ze worden weggezet als 'heks', of als iemand die haar zelfbeheersing en redelijkheid kwijt is. Zoals de Britse premier Cameron bij een scherp Lagerhuisdebat in 2011 de hoge Labour-politica Angela Eagle toebeet: '*Calm down, dear.*'

Een man die harder gaat praten doet denken aan een charismatisch redenaar, of aan een held in een film wiens geduld nu echt op is. ‘Tovenaar’ als mannelijke tegenhanger van ‘heks’ is een positieve term. Nog nooit heb ik iemand uitgemaakt horen worden voor een ‘bazige man’. Dat is een kerel die ‘zijn mannetje staat’.

Bij lezingen de zaal in turend heb ik het me vaak afgevraagd: had ik hier ook gestaan als Olga Luyendijk? Had ik dat gedúrfd? Had ik het nog gewild? Had de zaal míj nog gewild?

Of ik stelde me voor dat ik in de zaal zat. Had ik als Olga een vraag gesteld? Dat is goed voor je zichtbaarheid bij de baas. Maar het kan wel misgaan, tegenover al die collega’s. Is het stellen van een vraag voor een vrouw riskanter dan voor een man? Hoeveel riskanter nog voor een vrouw van kleur? Hoeveel riskanter met ook een hoofddoek en een accent, omdat je thuis iets anders sprak dan Nederlands?

Daarom is het grote gewicht dat nu in organisaties aan ‘zichtbaarheid’ wordt toegekend niet neutraal. En hetzelfde geldt voor de gangbare eisen aan cv’s. Wie vallen er eerder af wanneer je liever kandidaten hebt die rechtstreeks op het vwo of gymnasium kwamen? Allen die ondergeadviseerd zijn en via het vmbo en de havo het hoger onderwijs bereikten. Wie zullen ouders hebben die weten dat het ministerie van Onderwijs weliswaar uit alle macht doet alsof hbo en universiteit evenveel waard zijn, maar afdelingen personeelszaken en bureaus voor werving en selectie niet, en je dus beter universiteit kunt gaan doen dan hbo? Voor studenten uit een kansarme familie kan een buitenlands avontuur eerder een brug te ver zijn, financieel of mentaal, dus wie zullen vooral aan een buitenlandse universiteit rond hebben gelopen? Welke kinderen krijgen op tijd de tip dat bij veel studies op de universiteit vooral belangrijk is wat je 'ernaast' doet? Wie zal zijn opgegroeid met angst voor geldgebrek en proberen met bijbaantjes de studieschuld zo laag mogelijk te houden, en wie krijgt een toelage zodat een tweede studie haalbaar wordt?

Het is logisch dat bedrijven en organisaties kandidaten zoeken die hun horizon hebben 'verbreed'. Een jaar studie in het buitenland kan hierbij helpen. Maar hoeveel breder nog is die horizon als iemand in het buitenland is *geboren of zelfs getogen*? Of opgevoed met een andere cultuur? Wanneer iemand als accentloze tweetalige kan opgaan in een ander land of zelfs taalgebied?

Dat organisaties geen sollicitanten willen die als student 'alleen maar in de boeken hebben gezeten' is opnieuw logisch. Een bestuursfunctie bij je gezelligheidsvereniging, de organisatie van een congres of een andere omvangrijke activiteit naast je studie kan helpen wat levenservaring op te doen. Maar hoezo is het geen waardevolle levenservaring wanneer je als arbeiderskind of boerenzoon of -dochter je plek hebt bevochten in de hoogopgeleide middenklasse? Of een jeugd lang voor je laaggeletterde ouders hebt getolkt bij de huisarts en op school, en vanaf het moment dat je kon lezen en schrijven alles bij de gemeente en de belastingdienst voor je familie regelde?

Wie als moeder of vader een aantal jaren de zorg voor

een jong gezin combineert met alle logistieke eisen van werk, ontwikkelt organisatievermogen, emotionele intelligentie en de kunst van het schakelen tussen hele verschillende werelden en domeinen. Hoezo zijn dat geen kwaliteiten die ook als leider van pas komen? Maar bijna overal op de arbeidsmarkt gelden zwangerschap en ouderschapsverlof in het beste geval als iets dat 'goed geregeld' moet worden. Zodat niemand er nog iets van merkt.

Kilian Wawoe bestudeert aan de Vrije Universiteit in Amsterdam het beloningsbeleid bij overheden en bedrijven. Ik leerde hem kennen voor mijn bankenboek, nadat hij had onthuld dat zijn bank ABN AMRO nog na de nationalisatie in 2008 bonussen had uitgedeeld. Zoals helaas vaker met klokkenluiders, moesten niet de verantwoordelijken weg, maar Wawoe zelf.

Wawoe definieert 'het glazen plafond' als het punt waarop succes en falen niet meer goed te meten zijn. Bij een vakkenvuller kun je precies vaststellen hoeveel vakken ze in een uur heeft gevuld. Bij voetballers kun je het aantal doelpunten tellen, bij muzikanten het aantal verkochte of gestreamde albums. Maar in grote bureaucratische organisaties is 'besluitvorming' vaak uiterst complex, met veel betrokkenen, over lange periodes. Resultaten of mislukkingen zijn dan zeer moeilijk nog aan één persoon toe te schrijven.

Wat bepaalt voorbij dit glazen plafond dan bij ministeries, grote gemeentes en bedrijven of iemand een promotie verdient? Wawoes antwoord: of je genoeg lijkt op degenen die deze promoties toekennen. Bankiers in de city spraken van een '*fit*' – of je 'past' dus, als een ontbrekend stukje in een al geperste puzzel. In de top van de Rijksoverheid is de uitdrukking voor een man zoals ik '*a safe pair of hands*'.

Een hoge vrouw bij een prestigieus werving- en selectiebureau drukte zich minder diplomatiek uit. Jullie zijn gewoon op zoek naar nog een kerel zoals jullie zelf, denkt zij vaak bij zichzelf als ze de functie-eisen voor kandidaten voor topposities op ministeries, overheidsinstellingen en grote bedrijven ziet. 'Maar dan eentje met tieten, of een ander huidskleurtje, en liefst allebei... Daar zijn er in Nederland een aantal van, en die pompen we nu rond over banen en commissariaten.'

▼

Van de eerste vrouwelijke premier van Engeland, Margaret Thatcher, is bekend dat ze lessen nam om een zwaardere stem te krijgen. Vrouwen vertelden me dat ze hun haar kort zijn gaan dragen – of bij een functioneringsgesprek dit advies kregen. Anderen volgen cursussen assertiviteit, zoals de hoogste Nederlander bij de Wereldgezondheidsorganisatie, Marion Koopmans. Het ging er vooral om dat er over me heen werd gewalst, legde ze uit tegen *de Volkskrant*. 'In discussies was ik te braaf, te beleefd, ik liet anderen altijd veel ruimte. Dat kun je oefenen, hè, wat meer plek innemen als vrouw.'

Maar waarom gaan vrouwen wel op cursus 'meer ruimte nemen', maar mannen niet op cursus 'meer ruimte laten'? Verplichte literatuur zou dan kunnen zijn: *De zijkant van de macht. Waarom de politiek te belangrijk is om aan mannen over te laten* van de al genoemde Julia Wouters. Als politiek adviseur zag zij elf jaar lang van dichtbij wat er gebeurt als je een aantal mannen die weten hoe belangrijk 'zichtbaarheid' wordt gevonden, bij elkaar in een onderhandelingskamer zet. 'Zelfs mannen die in contact staan met hun "vrouwelijke kant" gaan zich als alfamannetjes gedragen. Het gaat dan om winnen, om scoren, om de ander op de knieën krijgen. Emoties spelen zogenaamd geen rol, al zijn de heren stuk voor stuk heetgebakerd en gedragen ze zich soms op een manier die bij vrouwen als hysterisch bestempeld wordt.'

Bij een leider kunnen uitstraling en 'zichtbaarheid' zeker van nut zijn, net als het vermogen op het juiste moment ruimte in te nemen. Maar waar slaat het om in zelfoverschatting? Hoe gaat 'ruimte innemen' samen met bescheiden luisteren, fouten erkennen en om kritiek vragen? Kortom: met jezelf als leider kwetsbaar opstellen?

▼

Je hoort vaak dat het tijd wordt dat mannen zoals ik 'plaatsmaken' zodat anderen 'erbij' kunnen. Wij knikken dan braaf, en bezweren dat we meer diversiteit juist 'prima' vinden, 'zolang het maar niet ten koste gaat van de kwaliteit'.

Hier zit denk ik de crux. De machtspositie van mannen zoals ik bestaat er niet alleen uit dat wij heel veel plaatsen bezet houden. Het gaat er vooral om dat wij mogen bepalen wie een plaats verdient. Dat bedoelen mannen zoals ik wanneer we zeggen dat diversiteit prima is zolang het maar niet ten koste gaat van de kwaliteit: wij moeten wel blijven bepalen wie 'de besten' zijn.

Zolang wij deze zogeheten 'definitiemacht' van kwaliteit behouden, zullen wij altijd zelf vooraan staan. We maken de eigenschappen en vaardigheden die we dankzij ons nest en lichaam bijna als vanzelf meekrijgen heel belangrijk, en we blijven de eigenschappen en vaardigheden die we zelf nooit hoeven of ook maar kunnen ontwikkelen, consequent negeren, relativeren of zelfs in het geheel niet waarnemen.

Daarom zullen in het land van de zeven-vinkjes eerstehands ervaring met kwetsbaarheid en aanpassing nooit worden gezien als leiderschapskwaliteiten.

Experts diversiteit hameren erop dat organisaties er nog niet zijn wanneer het personeelsbestand en de top een goede afspiegeling vormen van de bevolking. Het is niet genoeg om mensen met andere achtergronden 'binnen te halen'. Ze moeten zich geaccepteerd, gewaardeerd en vooral vrij voelen. Pas dan zullen ze zich durven en willen uiten, en kan de organisatie profiteren van al die verschillende perspectieven.

Diversiteit is dat iedereen op het feestje wordt uitgenodigd, zeggen experts, maar pas als je 'inclusief' bent zal iedereen ook willen dansen.

Ik vind dat een prachtig en krachtig beeld. Maar wie geeft het feestje?

Puur onvermogen of gewoon gebrek aan liefde?

Pas als je het doorhebt, ga je het zien, wist de Amsterdamse filosoof-voetballer Johan Cruijff (vier vinkjes) al. Waarom heb ik zo lang nodig gehad om de machtspositie van mannen zoals ikzelf door te krijgen? En als het bij mij zo lang duurde, wat is de kans dat bij zeven-vinkjes met daadwerkelijke macht of invloed de ogen opengaan?

Ik ging in mijn omgeving mannen zoals ik uithoren, en werkte interviews met ze door. Zien zij het wel?

Alexander Pechtold was van 2006 tot 2018 leider van D66, de partij die zich graag afficheert als voorvechter van beter onderwijs en gelijke kansen. 'Ik heb eerst een blauwe maandag rechten gedaan,' vertelde Pechtold in 2015 aan het partijblaadje. 'Het leek een logisch vervolg op het gymnasium-alfadiploma en een halfbroer van mijn moeder had ook in Leiden rechten gestudeerd. Na een halfjaar moest ik al constateren dat het niet mijn studie was en besloot ik daarom iets te gaan doen wat ik leuk vond, en dat werd kunstgeschiedenis. Naast mijn studie deed ik van alles met de jaarclub en ik had bijbaantjes.' Zeven jaar deed Pechtold over zijn studie – bijna net zo lang als ik – en voor jonge lezers had hij een tip: 'Ga iets doen wat je leuk vindt, waar je energie van krijgt, wat je uitdaagt.'

Toen hij dit zei was Pechtold zo oud als ik nu, en tot voor kort had ik waarschijnlijk hetzelfde gezegd tegen jongeren op zoek naar wijze raad: volg je hart. Het komt wel goed.

Met zeven-vinkjes kómt het heel vaak goed, met dat strak gespannen vangnet onder ons. Wij kennen drie trajecten. Je hebt degenen die het kunnen en willen. Die komen 'ergens'. Je hebt degenen die het willen maar niet kunnen. Dat is spijtig. Ten slotte heb je degenen die het kunnen maar niet willen. Prima, toch? Vrijheid, blijheid.

Maar dat iemand het kan en het wil, en het dan toch niet mag of redt...

Voor een eerder boek over populisme leerde ik Tamara Wulffelé kennen, voormalig fractiemedewerker van PVV-leider Geert Wilders. Als arbeidsongeschikte, alleenstaande moeder woonde ze met haar zoon van acht in Amersfoort. De jongen worstelde met epilepsie en oogklachten. Volgens de dokter zou een speciale bril uitkomst bieden. Alleen kostte die 180 euro en de verzekering vergoedde dat niet.

Geen bril dus.

'Ik ben al minstens vier jaar niet bij de tandarts geweest,' vertelde Wulffelé. 'Verse groenten en fruit is niet iedere dag haalbaar, vis hooguit één keer per maand. Laat staan dat ik me kan heugen wanneer ik voor het laatst uit eten geweest ben. Mijn laatste vakantie was in 2007, mijn zoontje is nog nooit op vakantie geweest. Als mijn vroegere beste vriendin (VVD-stemmer) zegt dat ze bijna blut is, dan gaat ze dat jaar één keer minder op vakantie. Maar ze geeft nog wel etentjes voor twaalf personen met oesters, kreeft en champagne of andere dure wijn (geen geintje, niet overdreven). Als ik zeg dat ik bijna blut ben, moet ik een week overleven op vier euro.'

Ik heb bij mijn eigen ouders nimmer iets van de soort financiële onzekerheid gezien die mensen zoals Tamara permanent boven het hoofd moet hangen: dat de wc overloopt, de wasmachine stukgaat of je fiets is gejat, *en er is geen geld*. In zo'n geval werd bij mij thuis wat gemopperd en dan kochten mijn ouders een nieuwe. Ieder jaar gingen we op zomervakanties, en om het jaar op wintervakantie.

Lang niet alle zeven-vinkjes hadden het in hun jeugd zo 'breed' als ik – een hoogopgeleide vader of moeder betekent niet automatisch een royaal inkomen. De vader van zeven-vinkje oud-minister van Financiën Jeroen Dijsselbloem was leraar, terwijl oud-minister van Economische Zaken Eric Wiebes zijn hoogopgeleide vader vroeg verloor en het in zijn jeugd zeker niet breed had. De vader van De Nederlandsche Bank-president Klaas Knot ging op zijn zeventiende werken in de veevoederhandel van zijn vader, terwijl zijn moeder werkte als parttimejuf.

Wanneer je echter zoals Alexander en veel andere zeven-vinkjes ook nog goed verdienende ouders had, waar kon je dan in je jeugd kinderen op het bestaansminimum tegenkomen? Dan ga je op je twaalfde naar het gymnasium en zit je hoofdzakelijk tussen kinderen met ouders die weten dat je daar niet heen gaat voor Latijn of Grieks, maar om je 'op natuurlijke wijze' te leren bewegen tussen de hoogopgeleide elite van het land. Ons soort ouders dus.

Daarna gaan Alexander, Eric, Jeroen en Joris naar de universiteit, waar onze persoonlijkheid, ons wereldbeeld, netwerk en vriendschappen vorm krijgen. Vaak ontmoeten we hier onze grote liefde: uit het rapport *Gescheiden Werelden?* van het Sociaal en Cultureel Planbureau blijkt dat 85 procent van de Nederlanders is getrouwd of samenwoont met iemand met een gelijk of vrijwel gelijk opleidingstype. Een kwart van de academici heeft niet alleen een partner van dezelfde universiteit maar zelfs van dezelfde studierichting.

Na ons afstuderen krijgen we een baan op 'academisch denkniveau', meteen hoog in de organisatie. Wat voor soort naaste collega's hebben we daar? We verdienen nu gemiddeld twee keer meer dan de rest van de beroepsbevolking, zodat we aan een hypotheek kunnen komen en gaan wonen in wijken of straten waar de buren ook veel geld kunnen lenen. We krijgen kinderen op dezelfde, gemiddeld latere, leeftijd als andere hoogopgeleiden. Die maken hun vriendjes en vriendinnetjes in de buurt, gaan op dezelfde soort vakanties en kiezen voor hun toekomst eenzelfde omvang canvas als onze kinderen.

Wanneer Alexander en ik naar het ziekenhuis moeten,

hoort onze arts bij dezelfde sociale klasse. Komen we in aanraking met het rechtssysteem, dan horen de officier van justitie, de rechter en de eigen advocaat bij dezelfde sociale klasse. Is het toeval dat bij de slachtoffers van de schandalen rond schuldsanering, kinderopvangtoeslagen en de jeugdzorg zo weinig hoogopgeleiden zitten? Wij kennen de weg in de overheidsbureaucratie, of anders kennen we iemand uit onze studententijd of ons netwerk die de weg weet. Anders kopen we juridische hulp in.

Natuurlijk kunnen we in het altijd nog bloeiende verenigingsleven van Nederland, in sportclubs of de kerk mensen uit andere lagen van de bevolking treffen. Maar iemand 'ontmoeten' of tegenkomen is iets anders dan met iemand meeleven. Zeker in de grotere steden sorteren verenigingen zich bovendien vaak uit naar sociale klasse, waarbij hoogopgeleiden en ondernemers met geld naar bepaalde clubs trekken. Wie gaat er tegenwoordig nog naar de kerk?

Als mensen om jou heen één keer per jaar op wintersport gaan, lijkt dat al snel normaal en is twee of drie keer 'een beetje overdreven'. Alleen ging pre-corona jaarlijks slechts één op de twintig Nederlanders skiën. Als jij zelf een paar keer modaal verdient en niemand kent die leeft van enkel AOW of bijstand, lijkt vier euro voor een koffie op een gegeven moment bijna schappelijk. En weet je waarschijnlijk niet eens wat het 'eigen risico' bedraagt, of waarvan iemand met alleen AOW of bijstand eigenlijk moet rondkomen.

Voorafgaand aan een lezing vroeg ik altijd wie er straks in de zaal zou zitten – ik weet graag welk publiek ik voor me heb. Heel gemengd hoor, klonk het bijna steeds: 'Veel juristen en economen. We hebben ook historici. Wat sociale wetenschappers, zelfs een paar ingenieurs. Een architect…' Inderdaad gemengd dus – bínnen de bubbel der universitair geschoolden.

Bij de lezing zelf werd ik vaak aangekondigd als iemand die 'eigenlijk geen introductie nodig heeft'. Dit was vleiend, alleen geloofde naar mijn indruk de inleider dit ook echt. Een deel van de zaal eveneens. Terwijl je mij aan de overweldigende meerderheid van de Nederlanders echt moet voorstellen. Twee keer hoorde een boek van mij met een kwart miljoen exemplaren tot de bestverkochte van het jaar. Hoera voor Joris. Maar dit is nog geen 1,5 procent van de bevolking – er zijn alleen al drie keer zoveel Nederlanders tussen de tachtig en negentig. Al decennia schrijf ik voor *NRC* en *de Volkskrant*, alleen heeft minder dan 4 procent van de huishoudens een van deze kranten. Ik maakte ooit een paar afleveringen voor *VPRO Tegenlicht*, maar dat programma moet jaarlijks vechten om te overleven omdat er in vergelijking met het andere aanbod 'geen hond' naar kijkt. Dat laatste gold ook voor *Zomergasten* in de tijd dat ik het presenteerde.

De 'bekende schrijver Joris Luyendijk' is dit eigenlijk alleen bij een specifieke groep, te weten 'kwaliteitskrant' lezende hoogopgeleiden in de Randstad en de grote provinciesteden. Zij kennen mij, velen om hen heen kennen mij en zo denken sommigen al snel dat iedereen mij kent.

Zo werken bubbels.

Bij menig zeven-vinkje merkte ik deze neiging: je directe omgeving aanzien voor de samenleving, en vervolgens vooral de verschillen zien bínnen je bubbel.

Twee van de sympathiekste zeven-vinkjes die ik ken zijn Jan Maarten Slagter en de al genoemde oud-hoofdredacteur van *NRC* Folkert Jensma. Slagter was advocaat op de Zuidas, correspondent in Londen voor het *Financieel Dagblad* en directeur van de Vereniging van Effectenbezitters – de lobbyclub voor aandeelhouders. Gevraagd naar zijn vinkjes zei hij: 'Gymnasium op een lyceum (telt volgens mijn zoon niet echt) en mijn moeder heeft geen universitaire opleiding (radiotherapeutisch laborante, is tegenwoordig hbo). Mijn vader studeerde medicijnen. Overigens was hij de eerste die de middelbare school afmaakte in mijn familie, opa's waren boer en slager.' Hij had zichzelf altijd 'een beetje als een outsider' gezien, voegde Slagter eraan toe: 'Tweedegeneratiestudent, opgegroeid in een dorp in Friesland, geen corpslid.'

Ook Jensma van *NRC* zocht meteen de nuance van de kleine verschillen. 'Mijn ouders hadden geen geld, wel allebei een academisch diploma. Ik sprak op de basisschool dialect, thuis ABN en verstond het Fries van m'n grootouders van vaderskant, maar sprak het niet. Ik zat op de universiteit overigens niet bij het corps, wat nog wel als sociaal kenmerk van "de top" wordt gezien.'

Die woorden vielen steeds: *outsider* en buitenstaander.

Ik heb mezelf ook altijd zo gezien. Maar is het toeval dat 'binnenstaander' in het Nederlands niet eens bestaat, en *insider* net iets anders betekent? Kennelijk heeft niemand om zichzelf te beschrijven ooit 'binnenstaander' nodig.

Mogelijk dat premier Rutte ook zo over zichzelf denkt. Niet als een man die als hockeyende puber droomde van een carrière als concertpianist, met een directeur als vader en een cultuur minnende moeder die hem naar een van de meest elitaire basisscholen van Den Haag stuurden. Maar als degene die als eerste in zijn familie ging studeren. En eigenlijk heel gewoon is.

▼

Ongelijkheid en sociaaleconomische onrechtvaardigheid staan gewoon ver van je af, als zeven-vinkje.

We horen en lezen erover in onze serieuze krant, bij talkshows en actualiteitenrubrieken. Alleen worden die gemaakt door hoogopgeleiden uit diezelfde bubbel. Zij kunnen elkaar snel gaan bevestigen in het idee dat Nederland in de basis solidair en rechtvaardig is. Politiek wordt dan algauw een dans tussen politici om de macht. Maar zoals de medeoprichter van de uitgeverij Das Mag en zoon van een bijstandsmoeder, Toine Donk, heeft gezegd: 'Je kunt politiek alleen als een spelletje zien als het voor jou geen gevolgen heeft, als je tot de elite behoort.'

Als typisch zeven-vinkje verkeerde ook ik lang in de veronderstelling dat er in Nederland natuurlijk van alles mis is en beter kan, maar dat ons land in de basis sociaal en eerlijk is, dankzij de verzorgingsstaat en het onderwijssysteem.

Maar uit de rapporten van de Onderwijsinspectie blijkt dat kinderen met laagopgeleide ouders *bij een gelijke Cito-score* systematisch een lager schooladvies krijgen dan klasgenoten met een vader of moeder met hbo of universiteit. Kinderen van kleur overkomt dit ook wanneer ze hoogopgeleide ouders hebben. 'Hartelijk gefeliciteerd met het diploma van je ouders,' zeggen onderwijsexperts daarover. Dan hebben financieringsregels het ook nog veel minder aantrekkelijk gemaakt voor scholen om leerlingen diploma's te laten 'stapelen' door na het vmbo nog havo te doen, en daarna vwo.

Wat betreft de solidariteit van de verzorgingsstaat groeit nu bijna een kwart miljoen kinderen op in armoede. Dat zijn vijf volle voetbalstadions met op ieder stoeltje een jongen of een meisje. Een kwart miljoen volwassen Nederlanders is analfabeet. Bijna anderhalf miljoen Nederlanders tussen de 16 en 65 hebben als 'laaggeletterde' dusdanig ernstig moeite met taal dat ze niet wijs raken uit brieven of voorlichting van de overheid, laat staan dat ze hun kinderen kunnen helpen met school. Honderdduizenden Nederlanders moeten jaren wachten op een passende woning waarin hun kind wel een eigen kamer zou hebben om rustig huiswerk te maken.

Dit is Nederland anno nu. Alleen niet voor een zevenvinkje. Zo kan ongelijkheid een 'onderwerp' voor ons blijven. Een maatschappelijke kwestie of 'beleidsdossier'.

We kunnen hier belangstelling voor 'opbrengen'. Maar zodra we ons omdraaien bestaat het niet meer. Voor ons.

▼

In het jaar dat Pechtold zijn levenstips deelde met jonge D66'ers, werd premier Mark Rutte door columniste (en gymnasiaste) Ebru Umar gevraagd wat hij had opgestoken van de leerlingen in de vmbo-klas aan wie hij iedere week maatschappijleer geeft. 'Heel veel,' zei Rutte. 'Een van de dingen is hoe ingrijpend discriminatie is. Dat het in Nederland nog veel voorkomt en het echt uitmaakt of je Mohammed of Jan heet als je solliciteert. Ik heb daarover nagedacht en ben tot de conclusie gekomen dat ik dit niet kan oplossen. De paradox is dat de oplossing bij Mohammed ligt. Ik kan tegen Nederland zeggen: "Discrimineer a.u.b. niet, beoordeel iemand op karakter en kennis." Maar als het wel gebeurt, heeft Mohammed de keus: afhaken wegens belediging of doorgaan. Nieuwkomers hebben zich altijd moeten aanpassen, en altijd te maken gehad met vooroordelen en discriminatie. Je moet je invechten.'

Ik las dit destijds en dacht toen: onze premier maakt ook nog tijd om iedere week les te geven. Hoera voor Mark Rutte. Inmiddels denk ik: zelfs als je wekelijks voor die kinderen staat, dringt de impact van discriminatie niet tot je door. Dit is dezelfde premier die in 2007 als staatssecretaris van Sociale Zaken door de rechtbank van Haarlem is veroordeeld wegens 'aanzetten tot rassendiscriminatie'. Hij had ambtenaren opgedragen Somalische Nederlanders extra hard aan te pakken. Ruttes reactie op het vonnis destijds: 'Het is hoog tijd om de wet te veranderen.'

Naar eigen zeggen heeft Rutte in de afgelopen jaren net als ik van alles bijgeleerd over discriminatie. En dat is precies het punt: wij moeten erover bijleren. Uit onze eigen ervaring kunnen mannen zoals ik niet putten. Wanneer we ons dan bij onze partnerkeuze, op het werk, in onze vriendenkring en bij vrijetijdsbestedingen omringen met mensen met hetzelfde lichaam als wijzelf, kunnen we discriminatie zomaar gaan zien als een probleem van de gediscrimineerde. Die moet maar beslissen of hij 'afhaakt wegens belediging'.

Laatst vroeg ik de studente antropologie Razia Jaggoe, voor wie ik een stage had helpen regelen, hoe het ging. Het ging wel weer, mailde ze: 'Vorige week riep een witte man, overdag op een redelijk druk bewandelde en bereden straat, heel hard wel vier keer "kankerzwarte" tegen me, terwijl hij me aan bleef kijken en we elkaar moesten passeren. Ik voelde me tien seconden angstig, en daarna alleen maar overspoeld door dankbaarheid. Wat zijn nou tien seconden angst als mijn leven zo verdomde veilig is, ik land zacht. Hij voelt zich blijkbaar onveilig en da's zielig.'

Ik ben nog nooit zomaar staande gehouden door de politie of de marechaussee en overweeg niet een goedkopere auto te nemen zodat die controles op basis van mijn huidskleur een keer ophouden. Ik ga nooit een #MeToo-ervaring hebben met een vrouwelijke bovengeschikte. De zogeheten Nashville-verklaring tegen gelijkheid voor lhbti gaat niet over mij, net zomin als de preken in sommige kerken en moskeeën tegen vrouwen, lhbti of Joden, of dit soort teksten in het PVV-verkiezingsprogramma: 'Het voortbestaan van een vrij Nederland hangt af van de mate waarin we de islam weten terug te dringen.'

Ik hoef op straat niet beducht te zijn voor potenrammers of vrouwenverkrachters en ik draag geen keppeltje dat van mijn hoofd kan worden geslagen. Zelfs na de opkomst van Kick Out Zwarte Piet, BIJ1 en Black Lives Matter, en de #MeToo- en lhbti-bewegingen, moet ik mezelf er bij een panel, talkshowtafel of nieuwe regeringsploeg steeds weer aan herinneren: hé, weer allemaal mensen met hetzelfde lichaam en dezelfde achtergrond als jij.

Slechts één keer in mijn leven heb ik iets van discriminatie ervaren, een nauwelijks nog hoorbare echo, ergens ver in de verte. Ik woonde nog in Engeland toen rond het referendum over vertrek uit de Europese Unie zelfs voor Britse begrippen hysterisch werd gehitst en gestookt tegen de EU en EU-burgers. Opeens zat ik in de rol van 'de ongewenste vreemdeling' op wie rechts Engeland bijna net zo losging als rechts Nederland op moslims.

Dat sijpelde door in het dagelijks leven, zeker toen racisten en nationalisten de keuze voor een brexit uit de EU als hun overwinning opeisten. Een Zweedse vriendin die al jaren in Londen woonde, voerde in de trein een telefoongesprek, in het Zweeds, en kreeg toen in de volle coupé toegebeten: ‘Heb je de uitslag van het referendum niet gezien? Wat doe je hier nog?’ Een Belgische kennis kreeg iets vergelijkbaars naar zijn hoofd, toen hij in zijn vaste supermarkt zijn kinderen in het Nederlands aansprak.

Dit zou je homeopathisch verdunde discriminatie kunnen noemen; ik wist dat het was toegediend, maar voelde er niks van. De agressie richtte zich met name tegen Oost-Europeanen en hoe dan ook kon ik altijd terug naar Nederland, wat ik na een paar jaar heb gedaan.

De al genoemde Kilian Wawoe heeft al mijn vinkjes, behalve dat zijn vader uit Curaçao komt. ‘Heb jij weleens hard gerend om een bus te halen die dan gewoon wegreed?’ vroeg hij me een keer. ‘En wat dacht jij toen? Jij dacht: wat een klootzak. Nu rijdt die bus voor mijn neus weg. Denk ik dan: wat een klootzak? Of denk ik: wat een racist?’

Als ik zeven-vinkjes hoor of lees over discriminatie, zeggen of suggereren ze vaak dat ‘het toch best meevalt’, in de zin dat het niet vaak zou voorkomen. Al snel gaat het dan over slakken en zout, lange tenen, het belang van positief denken en van kansen grijpen die ‘er wél’ zijn. Maar als discriminatie nu werkt als inkt of gif? Dat een druppel genoeg is om het hele glas van kleur of smaak te doen verschieten? Dat niet alleen telt hoe vaak het gebeurt, maar dat het überhaupt kán gebeuren?

Die paar incidenten uit de tweede hand in Engeland waren genoeg om mijn beeld te doen kantelen, van het land en van mijn plaats daar. Ik zag geen gezichten meer, maar maskers: wie om mij heen denkt er nog meer zoals die figuren in de trein en de supermarkt en spreekt het niet uit, althans niet tegen mij? Mijn onbevangenheid over Engelsen was weg, om nooit helemaal terug te keren.

▼

Wanneer ik aan een boek begin, komen in die eenzame dagen, weken, maanden en zelfs jaren altijd een paar albums muziek bovendrijven. Ze houden me gezelschap en werken als een tijdscapsule die de specifieke sfeer van zo'n schrijfperiode naderhand kan oproepen.

Voor dit boek heb ik veel geluisterd naar het album *Lobi da Basi*, Surinaams voor 'liefde is de baas' van de Harderwijkse rapper Glenn de Randamie – beter bekend als Typhoon. Vooral het liedje 'IJswater' heb ik eindeloos gespeeld. Typhoon beziet de puinhopen van zijn relatie en vraagt zich af: 'Is het puur onvermogen of gewoon gebrek aan liefde?'

Piekerend over waarom ik zo lang de rol van nest, lichaam en opleiding in mijn leven niet heb gezien, bleef ik heen en weer gaan tussen deze twee polen: puur onvermogen of gewoon gebrek aan liefde? Wist ik het niet, of voelde ik niet wat ik ergens best wist?

Typhoon heb ik vaak gedraaid. Ik kwam er gewoon niet uit. Ook anderen kunnen toch blind zijn voor discriminatie, sociaaleconomische onrechtvaardigheid of culturele afstand? Maar zeven-vinkjes blijft élke vorm van uitsluiting op groepskenmerken bespaard. Net als iedereen horen wij van jongs af aan dat alles op zijn pootjes terechtkomt zolang je 'jezelf bent' en 'je hart durft te volgen'. Het grote verschil met de rest is dat dit voor ons klopt. Zo blijft ons beeld van de wereld en van onszelf intact en 'gaaf' – letterlijk en figuurlijk.

Zou hierop die quasi-ironische opgewektheid van veel zeven-vinkjes teruggaan, alsof groot en urgent onrecht niet bestaat? Dat daarom zeven-vinkjes zo graag het optimisme omarmen als oplossing voor problemen en boeken schrijven als *Waarom de wereld niet naar de knoppen gaat* van hoofdeconoom van het Centraal Bureau voor de Statistiek Peter Hein van Mulligen? Of *De meeste mensen deugen* van zeven-vinkje Rutger Bregman. Of *Pessimisme is voor losers* van Kees van Lede en Joris Luyendijk, overigens allebei mannen zoals ik.

Pessimisme ís voor losers... mits je zeven vinkjes aankruist en gezond bent van lichaam en geest. Staat op zoveel manieren de wind in je rug, ga je nog zwartkijken. Maar draai eens aan een paar vinkjes.

In hun Socrateslezing voor het Humanistisch Verbond in 2019 keken de Deventerse schrijver Özcan Akyol ofwel 'Eus' en zijn echtgenote en *Viva Mama*-columniste Anna van den Breemer naar elkaar: 'Hij leerde dat de wereld hard is en dat je je moet wapenen tegen mensen die niet het goede met je voorhebben. Zij leerde dat je alles kunt bereiken wat je wilt en dat je mensen kunt vertrouwen.'

Is Eus nu een pessimist? Of heeft hij dankzij zijn brede levenservaring een realistischer idee van de duistere kanten van de menselijke natuur? In Londen toonde een Joodse kennis van Duitse origine me zijn stamboom. 'Kijk,' wees hij naar de takken die tussen 1940 en 1945 doodliepen, 'daar heb je de optimisten. Die dachten dat het niet nodig was naar Engeland te vluchten.'

▼

Zich van geen kwaad bewust. Zou dat bij uitstek de zeven-vinkjes kenmerken? Het gaat dan over het kwaad in de wereld waar je geen weet van hebt. Maar ook over het kwaad dat je onbedoeld zelf mogelijk aanricht.

In mijn archief stuitte ik op het werkstuk dat ik in de laatste klas van de basisschool heb gemaakt. Het gaat over apartheid. Dit was de winter van 1984, de tijd dat Zuid-Afrika nog openlijk en bijna triomfantelijk racistisch was. Bij de ambassade in Den Haag had ik brochures en propagandamateriaal opgevraagd die ik in mijn werkstuk regel voor regel ontrafelde.

Als jong baasje was ik al erg bezig met discriminatie, en wie schetst mijn ontzetting toen ik een paar jaar later op de tennisclub werd beschuldigd van racisme. Ik had destijds een tennismaatje met wie ik een mixed-double koppel vormde. Ze was geadopteerd en, buiten een paar Nederlanders met Indonesische wortels, de enige persoon van kleur op de tennisclub.

Op een warme zomerdag scheen de zon een keer zeer fel. Met een jongen die ik nooit heb gemogen, kwam mijn maatje de kantine binnen en beklaagde zich. 'Die zon is echt niet normaal heet vandaag.'

'Ja,' zei ik. 'Je bent helemaal bruin.'

Daarop haalde de jongen met wie ze net had getennist diep adem en zei met alle heilige verontwaardiging die er in hem school: 'Dat vind ik dus helemáál geen leuke grap.'

Maar, maar, maar... Ik had het juist níét racistisch bedoeld. Had mijn maatje rood haar gehad, zou ik hebben gezegd dat ze in de fik stond. Als ze grote oren had gehad, misschien iets over schaduw. Mij was op school en thuis ingeprent dat huidskleur niets zegt over persoonlijkheid. Iedereen heeft wel iets dat je anders maakt, en door daar grapjes over te maken of elkaar te plagen, liet je juist zien dat je zoals de grondwet voorschreef geen onderscheid maakte naar huidskleur en dus 'kleurenblind' was. Zoals Frank Boeijen destijds zong: 'Denk niet wit, denk niet zwart, maar in de kleur van je hart.'

Al vijfendertig jaar sluimerde deze pijnlijke herinnering in mijn hoofd, en toen las ik het werk van emeritus-hoogleraar antropologie Gloria Wekker – een toepasselijke achternaam in mijn geval.

Wekker bestudeert de mogelijkheid dat het Nederlandse koloniale verleden bij witte autochtonen allerlei zelfbedrog en onbewuste superioriteitsgevoelens heeft achtergelaten. Waarom is er in het zelfbeeld van 'klein kikkerlandje' aan de zee niet of nauwelijks plaats voor de Nederlander als beul, bezetter, verrader, slavenhouder of uitbuiter, laat staan als racist? In plaats daarvan plaatsen witte, autochtone Nederlanders racisme buiten zichzelf, schrijft Wekker: in het Zuid-Afrika van de apartheid, in Amerika en bij extreemrechts. Daartegen gaat Nederland 'de straat op', en relatief best massaal. Maar een eerlijk zelfonderzoek na vier eeuwen slavernij, koloniale bezetting en uitbuiting? Dat vinden weinigen nodig, aldus Wekker in haar geruchtmakende boek *Witte onschuld*, uit 2016.

Zo is de situatie ontstaan, zegt Wekker, dat je in Nederland juist met 'grapjes' over iemands huidskleur bewijst hoe antiracistisch je bent. Ze geeft als voorbeeld de gevierde schrijver Martin Bril die in *De Wereld Draait Door* onder luid gelach zijn angst benoemt dat zijn oudste dochter een vriendje krijgt: 'Stel dat ze een grote neger mee naar huis neemt...' En die keer dat Humberto Tan in zijn eigen programma twee voetballers door elkaar haalde en cabaretier Jack Spijkerman uitriep: 'Mijn hemel, zeg! Niet alleen donker, maar ook nog dom!' Een moment verkrampte Tans gezicht, waarop Spijkerman zei: 'Ik mag het zeggen tegen 'm, hoor.'

Een ander voorbeeld is het moment dat fotomodel Doutzen Kroes zich in een talkshow in 2009 zegt te schamen voor Zwarte Piet, en 'het geweten van links' en zeven-vinkje Jan Pronk van de PvdA verklaart dat dit werkelijk niet nodig is: 'Een hele oude traditie, ik vind dat niet zo erg.'

Tien jaar later draaide dj Lex Gaarthuis op de radio zijn zelfgeschreven coronacarnavalslied met zinnen als 'Vreet geen Chinees, dan heb je niet te vrezen, want voorkomen is beter dan Chinezen', en 'Het komt allemaal door die stink-Chinezen'.

Nadien verklaarde Gaarthuis dat hij er 'niet bij stilgestaan' had dat zulke teksten kwetsend zijn voor Chinese Nederlanders, en racisten een hart onder de riem kunnen steken.

▼

Wekkers punt is niet dat deze mannen er stiekem racistische denkbeelden op na zouden houden. Haar punt is dat ze zich van geen kwaad bewust willen zijn, letterlijk. Dit noemt Wekker witte onschuld. Datzelfde zelfbeeld lag, denk ik nu, ten grondslag aan mijn opstelling destijds tegenover mijn tennismaatje.

Je bent onschuldig als je ergens niet betrokken bij bent; je wordt 'vrijgesproken'. Het kan ook gaan over niet-weten: 'zo onschuldig als een kind'. Rond racisme en superioriteitsgevoelens gaat het volgens Wekker terug op een derde betekenis, namelijk onschuld als in 'niet-willen weten'.

Niet 'wegkijken', dan heb je het al gezien. Weghouden. De boel zo organiseren dat iets nooit op je radar verschijnt. Komt het toch nog binnen je blikveld, dan sla je het weg door over je goede bedoelingen te beginnen.

Ik zie me nog tien jaar geleden bij de intocht van Sinterklaas in Amsterdam blauwbekkend van de kou staan uitleggen aan verbijsterde toeristen dat dit onschuldige kinderfeest niets met racistische stereotypen te maken had. Al die jaren dat ik sinterklaas heb gevierd met de klassieke Zwarte Piet bedoelde ik daar werkelijk niks kwaads mee. Maar nooit ben ik landgenoten van kleur gaan vragen naar hun mening en ervaringen. Evenmin had ik ooit goed naar de Nederlandse rol bij slavernij gekeken en de racistische stereotypen waarmee dat systeem is doordrenkt en goedgepraat: simpele en kinderlijke knechten die graag voor hun witte baas op het paard het werk doen – onbetaald uiteraard.

Zes jaar lang hoorden we op het gymnasium dat wij de slimsten van het land waren. Geen van deze genieën zei ooit: wacht even, als Piet enkel 'zwart als roet' is door de schoorsteen, waarom zijn z'n kleren dan nog schoon?

De witte heteroman zonder migratieachtergrond uit een goed milieu (vader leidde een beleggingsmaatschappij) Youp van 't Hek is een aantal malen vriendelijk en respectvol verzocht of hij als cabaretier wil afzien van de term 'pisnicht'. Homoseksuele jongeren beroven zich vaker van het leven dan hetero leeftijdgenoten en het homofobe geweld neemt weer toe. Aan dat klimaat wil je toch niet bijdragen? Van 't Hek heeft dit altijd weggewuifd en noemde zijn critici 'het gilde van de bruine ster'. Vlak voor zijn oudejaarsconference van 2020 zocht *de Volkskrant* hem op. 'Ik vind het om te lachen,' verklaarde Van 't Hek. 'Ik ben niet intolerant of homofoob, en iedereen die een beetje kan denken wéét dat.'

Dat is de onschuld die Wekker blootlegt: ik bedoel het goed en moet dus wel onschuldig zijn. Hieronder verborgen ligt een niet mis te verstane machtsverhouding: ik ben degene die bepaalt hoe ik op jou overkom, en discriminatie gaat mij niet aan.

▼

Uiteraard heb ik mijn tennismaatje opgezocht. Midden in de coronapandemie maakten we een belafspraak en toen ik mijn verhaal had gedaan, weergalmde de schaterlach die ik zo goed kende van vroeger. 'Heb je hier echt vijfendertig jaar mee gezeten, Joris?' Opnieuw een schaterlach. 'Ik herinner me er niets van.'

Je leert elkaar goed kennen wanneer je jaren een tenniskoppel vormt. Moeiteloos pakten we de draad op en het werd het leukste gesprek van dit hele onderzoek. Een onvermoede beloning voor het overwinnen van mijn schaamtegevoelens.

Na een uur begonnen we allebei afrondende geluiden te maken, en vroeg ze: 'Nu ben ik wel benieuwd hoe ik reageerde, toen?' Waarop ik moest bekennen dat ik al die jaren wel de reactie heb onthouden van de witte jongen die mij tot de antiracistische orde meende te moeten roepen. Maar niet die van haar.

III

De wet van behoud van onrecht

Een groep jongens groeit op in een veilige omgeving vol aanmoediging, bevestiging en ondersteuning. Ze krijgen een gedetailleerde routekaart voor het onderwijssysteem, ondervinden geen ontmoediging, achterstelling of uitsluiting, en evenmin hoeven ze zich aan te passen.

Een deel van deze jongens heeft talent en werklust. Dit geldt voor meer van hun leeftijdgenoten. Alleen staan die door hun cultuur of afstand, of door hun sociale klasse op achterstand, of ze worden om hun lichaamskenmerken gediscrimineerd. Vaak is het een combinatie.

Zo krijgt mijn groep jongens de beste toegang tot de meest prestigieuze opleidingen van het land. Daar verzamelen we nog meer cultureel en sociaal kapitaal, en daarna financieel kapitaal. Boven ons zitten al veel mannen zoals wij en die zoeken voor hun opvolging bewust of onbewust een versie van zichzelf. Dit gaat heel lang zo en gaandeweg vormen mijn soort mannen een onzichtbare norm voor kwaliteit, gedefinieerd als de mate waarin je op ons lijkt. Uiteraard lukt niemand dat zo goed als wijzelf.

Waarom zou de succesformule van mijn soort mannen niet op deze manier werken, in Nederland en ook daarbuiten? Vrijwel ieder land heeft een dominante meerderheid; cultureel, etnisch, linguïstisch of religieus. Vrijwel iedere samenleving discrimineert al eeuwenlang vrouwen en lhbti. Iedere ontwikkelde samenleving kent verschillen in inkomen en vermogen. Iedere samenleving kent een type opleiding dat geldt als 'meest prestigieus'.

Het valt logisch te beredeneren, maar zo tekent zich iets af dat je de wet van behoud van onrecht zou kunnen noemen. Hoe minder iemand door onrechtvaardigheid wordt geraakt, hoe groter de kans dat die persoon het ver brengt. Maar hoe kleiner de kans dat hij deze positie vervolgens gebruikt om onrechtvaardigheid aan te pakken. Hij is zich van geen kwaad bewust. Zo blijft de onschuld aan de macht.

Wat nu als een zeven-vinkje de onschuld zou afschudden? Mannen zoals ik snappen toch ook wat Martin Luther King bedoelt in zijn brief uit de gevangenis van Birmingham: '*Injustice anywhere is a threat to justice everywhere*'? Onrechtvaardigheid tast uiteindelijk de hele samenleving aan.

Ook zeven-vinkjes hebben een moeder, zussen en vaak een vrouw en dochters. Ook zeven-vinkjes moeten vrienden hebben die lhbti zijn, van kleur, migrant of klassenmigrant.

Allemaal waar. Maar het neemt de blokkades niet weg. Wie weet hoeveel minder mij in het leven was gelukt, als ik eerlijk had moeten concurreren met iedereen die nu door ontmoediging, achterstelling of uitsluiting achteropraakte, afviel of afhaakte. Hoe aantrekkelijk is dat, om 's morgens in de spiegel niet langer een *winner* in de ogen te kijken, maar een zwoegende mazzelaar?

Privileges en verwennerij zijn verschillende dingen, en veel van de zeven-vinkjes die in dit boek bij naam worden genoemd, zullen vast harder hebben gewerkt dan hun directe omgeving, een leven lang. Alleen was deze directe omgeving zelf totaal niet representatief. Verlies je dat uit het oog, dan is het een hele kleine stap van 'ik heb er hard voor gewerkt' naar 'ik heb alles op eigen kracht verdiend'.

Daarom is het idee dat Nederland in grote mate kansengelijkheid zou hebben, zo aantrekkelijk voor mannen zoals ik, en zo funest. Wie dat gelooft, kan zich voorhouden: het was een eerlijke wedstrijd, ik heb die gewonnen en dus ben ik niemand iets verschuldigd. Hadden anderen maar evenveel talent, werklust en durf moeten hebben als ik. 'Van tegenwind ga je harder trappen,' schreef hoogleraarszoon en medeoprichter van *De Correspondent* Rob Wijnberg na zijn eigen zelfonderzoek, 'van meewind ga je *denken dat je harder trapt*.'

▼

Zelf heb ik een aantal keren flink moeten slikken nadat weer een pilaar onder mijn zelfbeeld was ingestort. Een deel van de trots en eigendunk over mijn maatschappelijke successen inruilen voor dankbaarheid en nederigheid is niet makkelijk, maar gaat me hoop ik lukken. Ik accepteer nu dat bij mij seksistische, racistische en heteronormatieve stereotypen zijn geplant en onbewust voortleven. Ik probeer ze op te sporen en te lijf te gaan, bij mezelf en anderen.

Werkelijk zwaar valt mij het verlies van mijn neutraliteit. Ik snap nu dat dit altijd een illusie was, ik kan mij althans weinig voorstellen bij een neutraal lichaam of een neutraal nest. Maar hoe rouwt een mens over de instorting van een zelfbeeld dat hij nooit had moeten hebben?

Het 'kikkerlandje' waar ik ben geboren heb ik altijd gezien als best sympathiek; eerder belachelijk dan schadelijk. Liep Nederland niet ooit voorop met religieuze tolerantie, met de emancipatie van Joden en recenter die van homoseksuelen? Het is en blijft een land met toegang tot vrijwel gratis onderwijs en medische zorg, en gesubsidieerde huisvesting. Kansarm is in Nederland menigeen, kansloos is niemand. Mijn Egyptische vrienden in de achterbuurten van Cairo, die waren kansloos, en ze wisten het.

Maar wat is de verzorgingsstaat aan het eroderen, wat is het onderwijssysteem onrechtvaardig, wat is er veel discriminatie op de stage-, arbeids- en woningmarkt, bij de politie en in het uitgaansleven, en wat een ellende heeft mijn kleine land in de wereld aangericht. Slavernij en koloniale onderdrukking op drie continenten, oorlogsmisdaden tijdens de dekolonisatie en pogingen op slinkse wijze de kolonisatie indirect voort te zetten.

De behandeling van Joden die terugkeerden uit Hitlers vernietigingskampen was adembenemend harteloos, gesymboliseerd door de belastingambtenaar die van een overlevende bewijs verlangde dat deze geen inkomen had vergaard in Auschwitz.

Steeds moeilijker kan ik Nederland en onze rol in de wereldgeschiedenis zien als per saldo positief, of anders neutraal. Tik op het geweldige krantenarchief delpher.nl 'Algemeen Handelsblad' en 'slaven' in, en de voorloper van *NRC Handelsblad* blijkt vanaf de oprichting in 1828 meteen advertenties te zijn gaan verkopen voor veilingen van Surinaamse plantages inclusief de 'behoorende slaven en slavinnen, vee en meubelen'. Talrijke artikelen over de betrokkenheid bij slavernij van steden, kerken, bedrijven en rijke families bracht *NRC* al. Maar de eigen betrokkenheid onder de loep nemen... Dat is de onschuld waarover Gloria Wekker spreekt, en ik begrijp die al te goed: je wil je positieve zelfbeeld beschermen. Lukt dit niet meer, dan wil je toch minstens over jezelf kunnen denken als neutraal.

Dit zit er gewoon niet langer in. Niet voor Nederland, en helemaal niet voor mannen zoals ik. Neem mijn journalistieke deel-je-leerprocesmethode die ik bij *The Guardian* aan de man probeerde te brengen. Lang heb ik me afgevraagd waarom dat niet lukte. Vanaf nul beginnen en dan leren van en met je lezers, geeft grote vrijheid en levert veel op.

In Engeland kreeg ik het concept nooit goed over het

voetlicht, maar ook in Nederland en Vlaanderen is bijna niemand geïnteresseerd. Eindelijk begrijp ik nu dat dit niet alleen machismo is, en onwil bij journalisten om hardop te zeggen dat ze iets nog niet weten of begrijpen. Wat als ik van kleur was geweest, een hoofddoek droeg of plat praatte? Had ik als Olga Luyendijk nog steeds bijna triomfantelijk mijn onwetendheid kunnen inzetten? 'Ik doe mij weleens onbenulliger voor zodat insiders me meer vertellen,' zei een vrouwelijke collega met blond haar. 'Maar die nemen me daarna nooit meer serieus. Jij geldt aan het eind van je onderzoek als expert.'

Mijn journalistieke methode is niet neutraal, en mijn favoriete vertelvorm als schrijver evenmin. Voor een boek maak ik van mijn ontdekkingen altijd een 'reis van de held'. Joris gaat eropuit en overwint allerlei obstakels om iets te leren; hoe je integreert in Egypte, hoe beeldvorming over het Midden-Oosten werkt, of hoe bankiers over zichzelf denken.

Dit boek begint met mijn geloof dat mijn maatschappelijk succes te danken is aan mijn eigen voortreffelijkheid. Door het debacle bij *The Guardian* wankelt dit en ontdek ik stap voor stap hoe klasse, cultuur, geslacht, kleur, seksuele identiteit en opleiding stempels op ieders leven drukken. Dat mannen zoals ik niet spontaan massaal 'boven komen drijven' maar dat daar uitsluitingsmechanismen aan ten grondslag moeten liggen. Samen met de lezer bereikt de held zo het inzicht dat in Nederland de onschuld aan de macht is.

Het probleem is dat in de verhalen die de afgelopen eeuwen in Nederland en Europa zijn verteld, de helden er bijna altijd uitzagen zoals ik. Met zulke mannen is het publiek gewend geraakt zich te identificeren, eeuw in, eeuw uit. Is dit los te zien van de neiging bij heel veel mensen om, gevraagd naar de meest geschikte partijleider, premier of presentator, steeds te kiezen voor een man met mijn lichaam?

Een boek waarin de lezer wéér meeleeft met de ontdekkingsreis van een man zoals ik, is niet wat Nederland nu nodig heeft. Het is juist tijd voor een inhaalslag, een periode met geen of veel minder verhalen met een held met mijn lichaam... Maar stel dat uitgevers hadden gezegd: sorry Joris, de komende tien jaar even geen boeken meer over mannen zoals jij. Of als recensenten, krantеninterviewers en eindredacties van talkshows dit standpunt zouden innemen.

Dat had ik slecht getrokken.

De onschuld voorbij

Misschien wel het moeilijkste om te accepteren voor mannen zoals ik is de mogelijkheid dat wij géén rol zouden hebben. Dat we er niet toe doen. Of dat we er juist zeer toe doen, maar enkel als probleem of obstakel. Dat we een keer onze mond moeten houden en niet voortdurend door het beeld lopen. Bij lezingen omarmde soms een zeven-vinkje de erkenning van zijn eigen machtspositie met dusdanig veel enthousiasme dat het gênant werd: een kwartier om uit te leggen hoe schadelijk het is dat mannen zoals hijzelf zoveel ruimte innemen.

Tijdens lezingen en meer nog bij het schrijven zat dat stemmetje altijd in mijn achterhoofd: heb ik hier wel een rol?

'*It's not your fight!*' zei soms na afloop van een lezing iemand oprecht verontwaardigd: ga je je als witte man nu ook dit onderwerp toe-eigenen door je eigen ervaringen te 'centreren'? Maar een verhaal van binnenuit over hoe het is om heel veel mee te hebben en eigenlijk niks tegen, kan alleen worden verteld door iemand met zélf deze voordelen en privileges. En is het Arjen Lubach-effect niet juist te gebruiken om het Arjen Lubach-effect aan de kaak te stellen?

Ik ben geen expert in diversiteit. Ik ben ervaringsdeskundige in privileges. Bijna niemand heeft er zoveel als ik. Uit hoofde van die functie en in de hoop niet meer ruimte in te nemen dan mij toekomt, heb ik een laatste bericht van het front.

Mannen zoals ik zijn zich volgens mij nu aan het hergroeperen. Een meerderheid accepteert dat de elite een betere afspiegeling moet vormen van de samenleving. Dat betekent meer vrouwen, lhbti en mensen van kleur op hoge posities, desnoods afgedwongen met quota. Je zou dit 'diversiteit van lichaamskenmerken' kunnen noemen en het is een belangrijke stap in de richting van een meer representatieve elite.

Alleen ontstaat nu wel de situatie dat Gerrit (of André of Marco) zich als zoon van een laagopgeleide moeder en een laaggeletterde vader uit zijn achterstandsbuurt of krimpgebied ondanks zijn onderadvisering door de universiteit knokt. Hij gaat solliciteren en is zo getalenteerd en gedreven dat hij de laatste ronde haalt. Nu zijn er drie kandidaten voor twee banen: Gerrit, Joris Luyendijk en Anne-Karlijn. Deze hockeyende dochter van Zuidas-advocaten bezocht het Vossius Gymnasium te Amsterdam en deed rechten in Leiden waar ze met haar 'dispuutsgenootjes' van studentencorps Minerva een dolle tijd had.

Grote kans dat één baan naar mij gaat, want ik val zeven op zeven samen met de onzichtbare norm van kwaliteit. En grote kans dat de andere baan naar Anne-Karlijn gaat. Dat is goed voor de diversiteit.

Gerrit heeft een net zo gedreven en getalenteerde klasgenoot als hijzelf, Jakub. Zijn ouders komen uit Polen, en thuis was er weinig geld en opleiding. Ook hij heeft zich door de universiteit heen geknokt, ook hij haalt een laatste sollicitatieronde en daar vindt hij naast Joris Luyendijk ook Clarence tegenover zich. Dit was Anne-Karlijns klasgenoot op het Vossius Gymnasium en de zoon van een in Suriname geboren medisch specialist en een witte, autochtone hoogleraar.

Grote kans dat één baan weer naar mij gaat en de andere dit keer naar Clarence. Dat is goed voor de diversiteit.

Het ís goed voor Nederland dat Clarence en Anne-Karlijn die banen krijgen. Witte bastions 'verkleuren' en mannenbolwerken worden geslecht. Bedrijven en organisaties halen ervaringsdeskundigheid met racisme en seksisme in huis. Clarence en Anne-Karlijn helpen, en dwingen, mannen zoals ik te wennen aan witte vrouwen en mensen van kleur als collega en leidinggevende. Hun zichtbare succes kan volgende generaties vrouwen en Nederlanders van kleur inspireren.

Hoera voor de diversiteit van lichaamskenmerken, hoe intens onrechtvaardig het ook blijft voor Clarence en Anne-Karlijn dat zij daar lijken te zitten als representant van een groep, terwijl mannen zoals ik er gewoon voor en namens onszelf rondlopen.

Maar brengt Jakub met zijn beiden in het buitenland geboren ouders dan geen culturele diversiteit, enkel omdat hij wit is? En wat is het verhaal tegen Gerrit?

Wie kijkt er vervolgens om naar hun zussen Zuzanna, Ans en Kimberly, die dezelfde tegenwind ervaren als hun broers maar ook nog tegen seksisme aanlopen? Wie bekommert zich om de gelijke kansen van hun buurmeisjes van kleur, die ook nog met racisme te maken gaan krijgen? Of de buurmeisjes van die buurmeisjes die met hun hoofddoek ook nog moslimhaat gaan tegenkomen?

De eerste vrouwelijke burgemeester van Amsterdam in bijna zevenhonderdvijftig jaar, Femke Halsema, is een gepromoveerde witte hetero wethoudersdochter met twee in Nederland geboren ouders. De hoogste baas bij de NPO Frederieke Leeflang, de CEO van PostNL Herna Verhagen, de hoogste baas van de Postcode Loterij Sigrid van Aken, de directeur van Greenpeace Anna Schoemakers, de directeur van de KNVB Marianne van Leeuwen, de oprichter en algemeen directeur van het grootste vrouwennetwerk van Nederland WomenInc. Jannet Vaessen, de eerste vrouwelijke hoofdredacteur bij *NRC Handelsblad* Birgit Donker, de directeur van Urgenda Marjan Minnesma, de voorzitter van SER Topvrouwen Marguerite Soeteman-Reijnen en haar voorganger Marry de Gaay Fortman: allemaal vrouwen met zes vinkjes.

NRC Handelsblad heeft nu voor het eerst iemand

van kleur in de hoofdredactie, de half-Surinaamse Elske Schouten. Qua 'diversiteit van lichaamskenmerken' is dit een hoognodige stap vooruit. Maar via haar vader heeft Schouten de cultuur van de autochtone meerderheid kunnen absorberen. Die vader is gepromoveerd in de biologie, en Schouten doorliep eerst het Amsterdamse Barlaeus Gymnasium en toen de universiteit.

De huidige vicepresident van Amerika, Kamala Harris, heeft een professor als vader en een medisch onderzoeker als moeder. De Britse minister van Financiën Rishi Sunak heeft Indiase wortels maar als vader een huisarts, en hij ging naar een van de meest elitaire kostscholen van het land. Barack Obama is opgevoed door zijn witte, hoogopgeleide autochtoon-Amerikaanse moeder en grootouders, en ging naar Harvard. Dat zijn een boel vinkjes.

In Europa was de meest 'diverse' regeringsleider van de afgelopen decennia de 'Taoiseach' ofwel premier van Ierland Leo Varadkar: homoseksueel, van kleur en zoon van Indiase migranten. Zijn vader was dokter. De eerste vrouwelijke premier van België, Sophie Wilmès is een vrouw met verder mijn huidskleur en seksuele identiteit, mijn soort nest en mijn soort opleiding. Hetzelfde geldt voor de eerste vrouwelijke premier van Zweden, Magdalena Andersson, en de huidige premier van Denemarken Mette Frederiksen – inclusief gymnasium want dat hebben ze daar ook. De Europese Commissie-president Ursula von der Leyen en de directeur van de Europese Centrale Bank, Christine Lagarde: witte, autochtone heterovrouwen uit een gegoed nest met een prestigieuze opleiding.

Ook de twee vrouwelijke uitdagers van Emmanuel Macron bij de presidentsverkiezingen van 2022, Marine Le Pen en Valérie Pécresse, zijn vrouwen met zes vinkjes.

'Wij waren lang de enigen die er door jouw soort mannen tussen werden gelaten,' verzuchtte de bestuursvoorzitter van de internationale risico-adviseur AON Holdings en voorzitter van SER Topvrouwen, Marguerite Soeteman-Reijnen hierover. Maar met hun combinatie van sociale klasse, huidskleur, cultuur, seksuele identiteit en opleiding vertegenwoordigen vrouwen met zes vinkjes de levensloop van net zo'n klein deel van de bevolking als mannen met zeven: hooguit 3 procent.

De PvdA is traditioneel de partij die opkomt voor de dertien miljoen Nederlanders zonder hbo of universiteit. Tot twintig jaar geleden heetten de voormannen Marcel, Bram, Wim en Ad – zonen van respectievelijk een politieman, een metaalbewerker, een timmerman en een kapper. Toen werden het Wouter, Diederik, Eberhard en Lodewijk – zonen van respectievelijk een ambassadeur, een internist, een huisarts en een hoogleraar.

Dik een kwart eeuw terug was in Groot-Brittannië John Major aan de macht, in Duitsland Gerhard Schröder, in België Wilfried Martens, in Luxemburg Jean-Claude Juncker, in Oostenrijk Franz Vranitzky, in Spanje Felipe González, in Italië Silvio Berlusconi en in Nederland Wim Kok. Net als Bill Clinton in Amerika zijn dit zonen uit arbeidersklassemilieus, of in het geval van

Berlusconi en Major de bescheiden middenklasse – hun vaders waren respectievelijk bankbediende en mislukte variété-artiest.

Spoel vooruit naar de winter van 2021. De Duitse kanselier Olaf Scholz, de Britse premier Boris Johnson, de Belgische premier Alexander De Croo, de Luxemburgse premier Xavier Bettel, de Franse president Emmanuel Macron, de Spaanse premier Pedro Sánchez en de Italiaanse premier Mario Draghi komen net als Mark Rutte stuk voor stuk uit welgestelde dan wel hoogopgeleide nesten. De enige arbeiderszoon met heel veel macht in het Westen is de Amerikaanse president Joe Biden – hij is van de generatie van Wim Kok.

Nogmaals: diversiteit van lichaamskenmerken is honderd keer beter dan wat we nu hebben. Maar met 'diversiteit van lichamen' wordt de onzichtbare norm van de zeven-vinkjes niet ontmanteld, maar enkel opgerekt: ook met een ander lichaam dan dat van Joris Luyendijk mag je er voortaan bij – mits je nog altijd hetzelfde nest en type opleiding hebt. Wat nou kansenongelijkheid, kan de redenatie worden... Anne-Klarijn en Clarence hebben het toch ook gered?

Zo kun je met 'diversiteit van lichamen' werken aan een rechtvaardiger wereld zonder ooit over economische ongelijkheid of diepgaande culturele verschillen te hoeven beginnen.

40 procent van de bevolking is wit, man en hetero:* zo'n zeven miljoen Nederlanders. Hooguit 500.000 van hen zijn mannen zoals ik. Je hebt ook de driekwart miljoen witte heteromannen en -jongens in Nederland met wortels in de omringende landen en Oost- en Centraal-Europa. Er zijn duizenden dakloze witte heteromannen, tienduizenden analfabeten, honderdduizenden laaggeletterden en miljoenen die opgroeien of zijn opgegroeid in een gezin met weinig of geen financieel, sociaal of cultureel kapitaal.

De meerderheid van de witte heteromannen in Nederland begint niet met een '10-0 voorsprong' aan het leven. Dankzij hun huidskleur, geslacht en seksualiteit blijven ze gevrijwaard van seksisme, racisme, homo- en transfobie. Dat is niet niks. Maar ook in hun geletterdheid wordt nauwelijks geïnvesteerd. Ook hun kinderen worden ondergeadviseerd of henzelf is dat overkomen, en ook zij staan tien jaar op een wachtlijst voor een passende woning waarin hun kind wel een eigen slaapkamer zou hebben om huiswerk te maken.

Deze mannen hebben dezelfde eigenschappen moeten ontwikkelen die zeven-vinkjes tot nu toe buiten de definitie van kwaliteit weten te houden: incasseringsvermogen wanneer ze om hun Poolse, Duitse, Vlaamse of voor-

* Zo'n 15 procent van Nederland heeft minstens één niet-westerse ouder, grootouder of overgrootouder en is daarmee vrijwel altijd van kleur. Van de overige 85 procent witte Nederlanders is de helft man. Van hen valt volgens de LHBT-monitor 2018 zo'n 95 procent uitsluitend op vrouwen.

malig Joegoslavische komaf worden gediscrimineerd, of wanneer als autochtoon hun platte accent belachelijk wordt gemaakt, of er in de media of op kantoor minachtend wordt gesproken over laagopgeleiden. Migreren zulke mannen door hun opleiding naar een andere sociale klasse, dan doen ook zij aanpassingsvermogen op, terwijl ze met hun jeugd buiten de elite der hoogopgeleiden een brede blik ontwikkelen.

Zijn deze witte mannen met hun pijn en kracht niet natuurlijke bondgenoten van alle anderen die nu 'minderheden' worden genoemd? Maar met de sticker 'witte heteroman' jaag je hen juist het kamp van de zeven-vinkjes in.

Dat is mijn afsluitende gedachte: vernauw 'witte mannen' tot 'zeven-vinkjes' en verbreed tegelijkertijd de huidige 'diversiteit van lichaamskenmerken' tot 'diversiteit van levenservaringen'. Dat kan ervaring zijn met je lichaam – als vrouw, persoon van kleur of lhbti. Het kan ook ervaring zijn met je sociale klasse, met je cultuur en zonder twijfel nog met andere eigenschappen of kenmerken die nu buiten de gangbare norm vallen.

▼

Een van de laatste lezingen kon voor een wat groter publiek, bij een verzekeraar. Zoals afgesproken kwam na mijn verhaal de directeur naar voren om samen het vragengedeelte te doen. Maar eerst vroeg ik hem naar zijn eigen vinkjes. 'Eens kijken,' begon hij vrolijk. 'Man en wit, dat zie je zo. Hetero. Geen gymnasium, kom zeg. Wel vwo, en universiteit ja. Dat zijn drie vinkjes, toch? Of vier? Eens kijken. Ik sprak in mijn jeugd Brabants. Dat kun je nog steeds horen. Geldt dat als migratieachtergrond, hier in de Randstad? Haha. Zijn we er nu, of missen we nog een vinkje?'

En opeens schoot hij vol. Ik gaf hem snel het halfvolle glas water dat er nog stond en hij zei: 'Ons pa was timmerman. Hij was zo trots toen ik ging studeren, heeft me altijd proberen te steunen. Maar op het laatst hadden we bijna niks meer om over te praten. Zelfde met ons ma. Zulke verschillende werelden. Ik ben intens dankbaar dat we altijd in gesprek zijn gebleven.'

Opnieuw een stilte, en dan: 'Met mijn zussen is dat niet gelukt, helaas.'

Je kon een speld horen vallen. Geen enkele keer namen bij het vragengedeelte zoveel klassenmigranten het woord. Nu de baas 'uit de sociale kast' was gekomen, gingen zij ook; mannen en vrouwen, wit en van kleur.

Even was de ban van de onzichtbare norm gebroken.

Verantwoording

Zeven is een lekker getal – vraag maar aan de dwergen, kijk maar naar de wereldwonderen of de hoofdzonden. Maar waarom juist zeven? Waarom juist deze zeven? Hoe onderling ongelijksoortig zijn ook deze zeven. Je kunt ze niet optellen en jouw aantal vergelijken met die van iemand anders. Combinaties van vinkjes kunnen verschillend op elkaar inwerken. Een witte dochter van hoogopgeleide ouders die ontdekt dat ze van vrouwen houdt kan daarmee in een ander parket komen te zitten dan een dochter van kleur uit een arm, cultureel-conservatief nest.

Het begrip 'de zeven vinkjes' is hoop ik nuttig om in één beeld de extreme eenzijdigheid van de Nederlandse topelite te vangen. Je kunt er een onzichtbare norm mee zichtbaar maken, en misschien een wig drijven tussen witte heteromannen en mijn soort mannen.

Maar het is en blijft een constructie, en bijvoorbeeld religie valt erbuiten. Gert-Jan Segers van de ChristenUnie heeft zeven vinkjes en is tegelijk streng christelijk – een groep waarop het in de media vaak vrij schieten is. Je kunt je als zeven-vinkje hebben bekeerd tot de islam, of als witte 'derdegeneratiemigrant' uit het voormalig Joegoslavië altijd al moslim zijn geweest. De politici Lodewijk Asscher en Job Cohen van de PvdA en Uri Rosenthal van de VVD, de directeur van de Koninklijke Academie voor Wetenschappen Marcel Levi, de viroloog Jaap Goudsmit en de recent tot 'radiomaker van de eeuw' uitgeroepen Frits Spits hebben hetzelfde soort lichaam, nest en opleiding als ik. Maar wat een gotspe om te denken dat zij niet zouden weten hoe discriminatie en kwetsbaarheid voelt. Zoals de half-Joodse cabaretier Micha Wertheim antwoordde toen ik hem om zijn vinkjes mailde: 'Wit. Ja, al was er niet al te lang geleden wel wetgeving in ons land die mijn familie niet per se in een geprivilegieerde positie plaatste. Dat heeft behoorlijk wat naschokken gehad.' Bij een recente 4 mei-herdenking zei de schrijver en journalist Robert Vuijsje: 'In mijn boeken gaat het weleens over wat andere mensen een Joodse achtergrond noemen. Daar moet ik altijd om lachen. Dat hoort natuurlijk te zijn: een Joodse voorgrond.'

Tegelijk kunnen ook zeven-vinkjes of hun directe naasten door rampspoed worden getroffen. RAI-voorzitter en oud-staatssecretaris Steven van Eijck mag al mijn vinkjes hebben, hij werd na de scheiding van zijn ouders door zijn moeder het huis uitgezet en groeide op in een internaat. Sigrid Kaag mag een vrouw zijn met zes vinkjes en een jeugd vol hockey, tennis en muziekles, maar de veiligheid van haar nest is wel bruut verstoord toen haar beide ouders zo ernstig ziek werden dat ze rond haar twaalfde een halfjaar in een pleeggezin doorbracht.

'Je moet niet generaliseren' zeggen mensen, terecht. Alleen is die vermaning zelf ook een generalisatie. Ik zie niet hoe je over de mechanismen bij ontmoediging, achterstelling en uitsluiting op basis van lichaam en nest kunt nadenken zonder te generaliseren over lichamen en nesten. De vermaning 'je moet niet eindigen met een generalisatie' is beter. Ja, iedereen heeft een lichaam en een nest. Maar hoe deze in samenspel met andere factoren een specifiek leven hebben gevormd en gekleurd... Daarvoor moet je bij ieder mens apart te rade gaan.

Cijfers liegen niet, zeggen mensen, onterecht. Je kunt meten dat bij identieke Cito-scores kinderen van hoogopgeleide ouders gemiddeld hoger worden geadviseerd dan kinderen van laagopgeleide ouders. Maar van bijvoorbeeld 'laaggeletterdheid' circuleren allerlei definities. De Stichting Lezen en Schrijven vat het op als 'moeite met lezen, schrijven en/of rekenen' en stelt dan vast dat in Nederland 2,5 miljoen mensen van 16 jaar en ouder in deze categorie vallen: 18 procent van de bevolking, ofwel ongeveer één op de zes mensen. Onderzoek van de Algemene Rekenkamer komt op 1,8 miljoen Nederlanders tussen de 16 en de 65, van wie er 1,3 miljoen moeite hebben met taal, of met rekenen én taal. Ik heb deze laatste definitie aangehouden.

Het woord 'allochtoon' komt in dit boek niet voor, en ik gebruik net een andere definitie van 'autochtoon' dan gebruikelijk. Het gaat in dit boek bij 'migratieachtergrond' om afstand tot de omgangsvormen en het cultureel archief van de meerderheid in Nederland – en het aanpassingsvermogen dat je opdoet wanneer je die overbrugt. Wie een bij de opvoeding aanwezige, al in Nederland geboren vader of moeder heeft, krijgt de cultuur van de Nederlandse meerderheid al via deze ouder mee.

Het minst helder omlijnd is de categorie 'jeugd in de hogere middenklasse'. Sommige opleidingen zijn op een zeker moment 'geüpgraded' tot hbo of universiteit. Geldt een vader of moeder met zo'n opleiding vanaf dat moment met terugwerkende kracht als hoogopgeleid of 'universitair'? Ik heb besloten van wel, zoals hbs telt als equivalent van vwo.

Je kunt tot de hogere middenklasse behoren dankzij de opleiding van je vader, moeder of beiden, of door maatschappelijke status of vermogen. Maar wanneer precies merk je een ouderlijk milieu aan als 'welgesteld'? De oprichter van de journalistieke onderzoekswebsite *Follow The Money*, Eric Smit, is een man zoals ik in de zin dat zijn ouders als ondernemers geld en status hadden. Alleen gingen ze wel een paar keer failliet. Waar deel je hem in? Wat doe je met mensen met een rijke ondernemer als vader die na de scheiding geen alimentatie betaalde, zodat je in relatieve armoede opgroeide? Waar deel je mensen in van wie de vader of moeder op latere leeftijd hoogopgeleid raakte?

VVD-leider Hans Wiegel groeide op in een arbeidersbuurt als zoon van een bescheiden meubelmaker. Maar dat bedrijfje liep zo goed dat het gezin verhuisde naar het chique Laren. Daar moest Wiegel zich als een klassenmigrant aanpassen, op zijn twaalfde, en zijn Amsterdamse accent afleren. Vanaf dat punt had Wiegel wel alles mee en niks tegen want thuis was er geld. Een geval op het randje.

Hoofdredacteur van *Vrij Nederland* Ward Wijndelts mailde: 'Mijn vader zat eerst in het basisonderwijs en daarna ging hij tekenles geven op de mavo. Misschien is dat hbo-niveau, maar ik ging er eerlijk gezegd altijd van uit dat dat het niet was. *Your call*!'

Na wat wikken en wegen plaats ik Wijndelts toch in de 'hogere middenklasse' omdat een vader in het onderwijs je daar wel de weg kan wijzen. Eenzelfde afweging ligt ten grondslag aan de beslissing om oud-premier Joop den Uyl in te delen bij de mannen zoals ik: zijn vader had een mandenmakersbedrijf met vijftien man personeel en was enige tijd gemeenteraadslid en wethouder. Ook dat laatste is genoeg voor een kwalificatie 'hogere middenklasse': dat een vader of moeder als raadslid, wethouder of partijleider een politiek ambt vervulde, of dominee, predikant of bisschoppelijk gedelegeerde was. Daarom is Lilian Marijnissen van de SP met een vader als Tweede Kamerlid een zes-vinkje.

Uiteindelijk heb ik de volgende definitie van 'hogere middenklasse' aangehouden: had je ouders of verzorgers die in staat waren je te beschermen tegen onderadvies, en die je daarna konden helpen bij je huiswerk en adviseren bij je school- en opleidingskeuze, of deze hulp konden inkopen of via hun netwerk inschakelen?

Daarom valt oud-LPF minister Herman Heinsbroek er als zoon van de bedrijfsleider van jeneverstokerij Blankenheim & Nolet binnen.

Een laatste dilemma bij het 'opsporen' van zeven-vinkjes was de vraag wanneer een ministerschap meetelt. Hier zijn de vele interim-, waarnemend, demissionair of zeer kort dienende ministers en burgemeesters niet meegerekend.

Volgend hoofdbreken: taal.

Als in de Nederlandse maatschappij al eeuwen wordt gediscrimineerd naar huidskleur en tegelijk is 'blank' altijd gebruikt voor positieve dingen en 'zwart' voor negatieve, is het dan zo'n offer om voortaan 'wit' te zeggen, en waar mogelijk 'van kleur' in plaats van 'zwart'? Als je weet met hoeveel vooroordelen, taboes en pijn een geslachtsverandering gepaard gaat, is het dan zoveel moeite voortaan de uitdrukking 'ombouwen' te vermijden?

Problemen zijn niet opgelost als iedereen er voortaan met de correcte termen over praat. Maar te denken dat je ze kan oplossen met de woorden en categorieën die de problemen mede deden ontstaan en in stand houden, is op het domme af naïef. Of moet je zeggen, op het domme af onschuldig?

Lang heb ik getwijfeld of ik de termen 'hoog-' en 'laagopgeleid' moest omzetten in 'theoretisch' en 'praktisch'. De reden dit toch niet te doen, is dat hoogopgeleiden zich eerder aangesproken zullen voelen door die term, vermoed ik althans, dan door 'theoretisch opgeleid'. Het woord 'opleidingsniveau' is in dit boek wel consequent vervangen door 'opleidingstype'. Het lijkt me winst wanneer we niet langer doen alsof sommige vormen van onderwijs hoger zijn dan anderen. Je wordt geen beter mens van die paar jaar op de universiteit of het hbo.

Waar mogelijk heb ik termen die ik voor sommige lezers zou moeten uitleggen proberen te vermijden – ik wilde de tekst zo inclusief en leesbaar mogelijk maken voor allen die nog niet veel of zelfs nooit eerder een boek over diversiteit hebben gelezen. Daarom heb ik waar mogelijk om jargon als 'intersectionaliteit', 'cisgender', 'impliciete cultuuroverdracht', '*code switching*', '*cloning effect*' of '*standpoint epistemology*' heen geschreven.

Wel kan zo de indruk ontstaan dat ik alles in dit boek zelf heb bedacht. Dat is totaal niet het geval.

Sommige antropologen zullen hoofdschuddend mijn gebruik van het begrip 'cultuur' lezen. Ik denk dat in een boek als dit 'cultuur' een onmisbare term is om dat geheel van omgangsvormen, mentaliteit en collectief archief te 'vangen'. Maar het kan niet vaak genoeg benadrukt dat culturen nooit helder omlijnd zijn, dat ze door de tijd heen veranderen, dat er grote verschillen zijn bínnen een cultuur en dat ook dragers van een cultuur tijdens hun leven zelf weer veranderen.

Wat betreft de personen die in dit boek bij naam worden genoemd: in het achterhalen van uw vinkjes is veel moeite gaan zitten, maar honderd procent gerust zijn mijn factchecker en ik er niet op. Mocht iemand verkeerd zijn ingedeeld, dan allereerst mijn oprechte excuses. Neemt u alstublieft contact op met de uitgeverij. Niet alleen zetten we dat in een eventueel volgende druk meteen recht, de correctie komt desgewenst ook op mijn website in de rubriek 'Onzin door mij' (te vinden naast de rubriek 'Onzin over mij').

Overigens houd ik mij aanbevolen voor tips over zeven-vinkjes met macht, invloed of status die aan mijn aandacht zijn ontsnapt.

Over de lezingen: die hebben zich door de jaren ontwikkeld, en ik heb flink lopen puzzelen welke vinkjes precies de succesformule vormen. Zo probeer ik te werken: niet de feiten zoeken bij een these, maar een these bij de feiten.

Enige tijd heb ik alleen gymnasium aangehouden, dus zonder vwo. Voordat ik snapte hoezeer die uit elkaar liggen waren migratieachtergrond en kleur hetzelfde vinkje, en had ik 'seculier' en 'ABN sprekend' erbij.

Met de zeven vinkjes die het in dit boek zijn geworden, 'vang' je de meeste leden van de bovenlaag van de elite. Lidmaatschap van het corps is geen vinkje geworden, want een groot deel van de bovenlaag zat daar nooit bij. Premier Rutte was geen corpsbal en zijn voorgangers Balkenende, Kok en Lubbers evenmin. Van Agt was wel 'lid' en zelfs enige tijd praeses zoals ze dat daar noemen. Alleen was dat in Nijmegen, door de gevestigde corpora in Leiden, Delft en Amsterdam naar ik begrijp beschouwd als een treurige imitatie.

Dankwoord

Velen droegen bij aan dit boek. Vaak heel gericht en met inzet van een boel tijd en energie, soms zonder dat ze het zelf doorhadden, soms zelfs zonder dat ik het op het moment zelf doorhad.

Allereerst een groot woord van dank voor allen die bereid waren hun vinkjes aan mij te vertellen.

Dan veel, veel dank aan Sameer Padania, Pat Mesquita, Anthony Deutsch, Nick Dastoor, Inge Wolf, Kilian Wawoe, Willem Hoekstra, Roel van Broekhoven, Ali Al-Difaie, Jannet Vaessen, Nadia Bouras, Talitha Muusse, Martin Koolhoven, Julia Wolff, Katrien Hoekstra, Sahil Amar Aïssa, Tamara Wulffelé, Vincent Rietbergen, Razia Jaggoe, Abdou Bouzerda, Yukio, Lisa Boersen, Hein Greven, Reinier Klaasse Bos, Chris Kijne, Willem Huijink, Kees van Lede, Rianne Blaakmeer, Faryda Hussein, Petra van Saaze, Mano Bouzamour, Danielle Braun, Britt Blomsma, Yen Nguyen, Fatihya Abdi, Zihni Özdil, Sophie Hilbrand, Jamillah Batelaan, Marijn Kruk, Hans Steketee, Lotfi El Hamidi, Jan Maarten Slagter, Folkert Jensma, Nathan van der Hooft, Ykje Vriesinga, Gody Uwampeta, Alan Rusbridger, Aditya Chakrabortty, Jitkse Kramer, Arjen Leerkes, Elen Demir, Nadia Benaissa, Vera Luijendijk, Fietje Luijendijk, Tom Clark, Philip Oltermann, Matt McAlister, Chris Elliott, David Shariatmadari, de overige collega's bij *NRC* en van de opinieredactie van *The Guardian* en nog vele, vele anderen.

Verder een speciaal woord van dank aan Ebissé Rouw die mij cruciale mentale stappen hielp zetten, aan Selin Kuşçu voor alle research, Lucas Ligtenberg voor alle factchecks, Evi Hoste voor het grondige tegenwerk, Margo Westerbeek voor de laatste rondes, en natuurlijk Mizzi van der Pluijm zelf, de dapperste uitgever van Nederland. Zoals altijd speciaal dank aan Toon van de Put, voor alweer boek nummer zes.

Register

MIX
Papier van
verantwoorde herkomst
FSC® C004472
FSC
www.fsc.org